天津社会科学院后期出版资助项目（2018年

国际

Study on International Capital Flows,
Trade Imbalance and Market Efficiency

资本流动、贸易失衡与市场效率研究

赵文霞 —— 著

中国财经出版传媒集团
经济科学出版社
Economic Science Press

图书在版编目（CIP）数据

国际资本流动、贸易失衡与市场效率研究/赵文霞著.
—北京：经济科学出版社，2019.8
ISBN 978 - 7 - 5218 - 0853 - 7

Ⅰ.①国…　Ⅱ.①赵…　Ⅲ.①交融交易 - 研究
Ⅳ.①F830.9

中国版本图书馆 CIP 数据核字（2019）第 188419 号

责任编辑：凌　敏
责任校对：刘　昕
责任印制：李　鹏

国际资本流动、贸易失衡与市场效率研究

赵文霞　著

经济科学出版社出版、发行　新华书店经销
社址：北京市海淀区阜成路甲 28 号　邮编：100142
教材分社电话：010 - 88191343　发行部电话：010 - 88191522
网址：www. esp. com. cn
电子邮件：lingmin@ esp. com. cn
天猫网店：经济科学出版社旗舰店
网址：http：//jjkxcbs. tmall. com
北京密兴印刷有限公司印装
710×1000　16 开　14.5 印张　200000 字
2019 年 8 月第 1 版　2019 年 8 月第 1 次印刷
ISBN 978 - 7 - 5218 - 0853 - 7　定价：52.00 元
（图书出现印装问题，本社负责调换。电话：010 - 88191510）
（版权所有　侵权必究　打击盗版　举报热线：010 - 88191661
QQ：2242791300　营销中心电话：010 - 88191537
电子邮箱：dbts@ esp. com. cn）

前　言

2005 年中国开始实行汇率体制改革，取消了单一盯住美元，自此之后的较长一段时期，人民币逐渐升值。考虑到中美两国的利差，人民币作为投资货币的套息交易获利区间也逐渐扩大，如果资本完全自由流动，那么将会有大量的资本流入国内。事实上，在相同的时间区间中国的外汇储备也一路攀升，2014 年 6 月外汇储备达到了 3.99 万亿美元。中国存在一定程度的资本管制，那么投机资本有没有可能通过其他途径流入国内呢？值得注意的是，除了中国至美国的出口额与美国自中国的进口额一直存在偏差外，中国内地与中国香港之间的出口缺口（即内地出口到香港的货值与香港进口自内地的货值之间的差值）也长期存在。

世界上很多国家为避免风险都对国际资本流动实施一定限制。目前，国内外相关文献都在不同程度上研究了资本管制，对理解中国的贸易失衡以及经济发展过程中出现的问题有重要意义，但是现有文献都未考虑资本管制可能是非对称的情况。本书在参考以往相关研究的基础上，从理论上分析了资本管制的不对称性以及套息交易的机会对资本流动以及贸易失衡的影响。考虑到很多时候资本管制都是在数量上对流入或流出的资本进行限制，所以本书第 3 章直接设定流入、流出的管制参数以对其影响进行分析。

国际贸易中的数据偏差并不仅是一种统计上的偏误，也可能反映了出口商或进口商为规避税收、关税以及资本管制的行为信息。国际资本流动尤其是"热钱"的流动都是基于利润动机，只有把利差引起的利润动机、高报出口与贸易顺差结合起来，才能更深刻地理解中国的现实问题。套息交易逆转将导致市场剧烈动荡，因此非常有必要深入研究以人民币套息为主要表现形式的国际资本流动与贸易失衡之间的内在关联。探寻人民币套息的收益以及资本项目管制下人民币套息的方式选择具有重要的研究意义。如果国内企业侧重于通过高报出口额从事套息交易而非投资生产，单纯依靠调整汇率的宏观政策，将只会加剧市场动荡，增加经济的下行风险，资源错配问题无从得以解决，直接影响经济的长期增长。为此，本书第4章分析了人民币套息与贸易失衡之间的关系。

近年来，大宗商品不仅作为一种原材料，作为一种投资性资产也引起人们的广泛关注。然而，从投资性资产的角度研究商品市场的相关文献不是很多。国际大宗商品尤其是贵金属和能源类商品是各国经济发展和社会稳定不可或缺的重要战略物资。大宗商品不仅与实体经济联系紧密，与天气、自然灾害甚至政治活动也关系密切，如2016年美国大选当晚，从特朗普的选票领先开始，作为避险商品的黄金价格大涨，而原油的价格大幅下跌。事实上，大宗商品市场是仅次于外汇市场的另一个重要的国际化金融市场。随着大宗商品市场的逐步开放，中国参与大宗商品市场的投资者将越来越多。所以，本书第5章从大宗商品作为投资性资产的角度探讨国际资本的流动性、风险及其收益。

外商投资是国际资本流动的重要方面，虽然传统的观点认为汇率水平不会影响外商投资流动，但其前提是预期未来的汇率水平不变。研究发现，汇率的不确定性会对外商投资产生较大影响，而且对不同的国家来说这一影响是不同的，甚至还会随着时间的变化而变化。宏观经济的不确定性是推动还是阻碍企业进入国外市场，取决于其成本和收益的权衡。一方面，对于一个风险厌恶型的企业来说，较高的汇率波动将会降低企业的确定性等价值；另一方面，相对于出口，直接投资可以减少企业面临汇率波动时的利润损失，汇率波动的增加也可能导致企业以直接投资来替代出口。本书第6章运用系统广义矩（GMM）方法采用"一带一路"沿线国家的数据分析了征用风险和汇率波动对资本流动的影响。

国际资本赚取利润涉及资产交易,而资产交易一般是有成本的,成本通常来自资产交易税,那么资产交易税能改善市场效率吗?极少有文献从资产定价的角度研究资产交易税与市场效率之间的关系,在以往模型的基础上,本书考虑了在不对称信息条件下资产交易税征收方向的变化对市场效率的影响。尽管已有的很多文献都研究了资产交易税的大小对资产价格的影响,但鲜有文献讨论不同的征税时间或税收承担者不同对资产价格波动性的影响,在投资者具有不对称信息的情况下,本书第7章在理性预期均衡模型的基础上考虑了对不同对象征收资产交易税与市场效率之间的关系。该模型的分析并不局限于资产交易税收的承担,也适用于一般的不对称信息条件下的资产定价。

尽管付出了大量心血,但受笔者资质及学术水平所限,书中定有许多不足之处。借本书出版之机,关于本书观点的不当之处,恳请各位专家读者批评指正。

赵文霞

2019 年 3 月

目　　录

第1章 导 论

1.1 研究背景

2005 年我国开始实行的汇率体制改革，取消了单一盯住美元，自此之后的较长一段时期，人民币逐渐升值。考虑到中美两国的利差，人民币作为投资货币的套息交易获利区间也逐渐扩大。套息交易是世界上最重要的投资方式之一，虽然其空间不大，但因为其相对其他投资策略的确定性而吸引了大量的资金。尽管长期以来我国实行资本项目管制，但在岸人民币套息并非没有可能。2014 年中国的内地对香港出口 3760.9 亿美元，而中国的香港进口自内地的货值为 2562.5 亿美元，高报出口约占出口总值的 1/3①。人民币多年来都盯住美元，这催生了巨大的套息交易——内地的投机者通过以较低的利率从海外银行借款并投资到以人民币计价的相对高收益的资产上这一策略获得较高收益。

一方面，吸引这些资金流动的是套息交易可观的收益，跟踪 G10 集团的德意志银行指数（Deutsche Bank AG index）表明，通过借入低利率国家的货币以投资到高收益货币的套息交易在过去获得了显著的收益。美元相对较高的收益率和较低的波动性，使其成为投资者寻求套利交易

---

① 笔者根据中国经济网统计数据库整理。

获益的首选货币之一。与日元一样，多年来，美元一直作为低利率的融资货币，2018 年全年，以欧元融资的美元套息交易回报率约为 11%。在 31 个重要货币中，只有墨西哥比索、印尼盾和秘鲁索尔的回报率超过美元①。

另一方面，套息交易也面临着较高的风险，在解除头寸的时候其速度往往比其他交易策略快很多。根据彭博的数据，2008 年金融危机爆发时，套利交易下降了 30%，而依靠动能或趋势的外汇交易策略只减少了 14%，估值交易策略（投资者根据货币被高估还是低估来决定买入或卖出）在 2010 年下降 6%②。简单而言，套息交易是指投资者通过从低利率国家借入货币投资到高利率的国家，以赚取利润的行为。所以可见，套息交易在外汇市场上盛行需要满足三个条件：一是需要有较低利率的货币存在（作为融资货币）；二是需要有利率较高的货币作为投资货币；三是融资货币与投资货币之间的利差较为明显，这可以保证稳固的盈利空间。一种较为典型的套息交易是借入日元买进澳元，因为通常日本的利率较低而澳大利亚的利率较高，所以这种策略只需在融资部分支付较少的利率。一般而言，即使存在较大的波动性及损失风险，这一策略也可以获得正的预期回报，并表现出较高的夏普比率（Ready et al.，2017）。

套息交易策略的收益为何能长久存在一直困扰着很多学者。仅就利率差异而言，国家之间贸易产品的不同可以为国家间的利率差异提供一种解释，如澳大利亚和新西兰这样主要出口基本品的国家一般具有较高的利率水平，相反，如日本和瑞士这些进口基本投入品、出口消费成品的国家一般具有较低的利率水平。而高利率国家的货币并不必然贬值，

---

① 特朗普对汇率的怒火或给美元多头敲响警钟？［EB/OL］. 新浪财经，2019 - 03 - 04. http://finance. sina. com. cn/money/nmetal/roll/2019 - 03 - 04/doc-ihrfqzkc1033848. shtml.

② 套利交易不再可靠，汇市交易步履维艰［EB/OL］. 和讯网，2014 - 07 - 01. https://m. hexun. com/forex/2014 - 07 - 01/166218246. html.

这就形成了一种套息交易策略。喏迪等（Ready et al.，2017）把这种国家之间平均利率和风险敞口的差别归结为贸易成本。而曼西尼等（Mancini et al.，2013）认为不同货币具有不同的流动性风险，承受较大流动性风险的投资者需要一个风险升水作为补偿。他们发现在样本期内，低利率国家的货币通常具有更大的流动性水平。关于套息收益与流动性风险之间的关系方面，他们发现高利率国家货币的收益与流动性风险因子表现出了较大的正相关性，这意味着这些国家的货币随着市场流动性风险的降低而贬值；而日元这样低利率货币的收益与流动性风险因子负相关，这意味着这些货币随市场流动性的降低而升值。所以当外汇市场流动性风险下降时，持有低利率国家的货币将获得较低的收益；而当外汇市场流动性风险上升时，这些国家的货币表现得更好。

货币的异质性不仅表现在不同国家进出口的商品类型或货币自身的流动性水平上，还在各国所处的发展阶段以及贸易失衡上有所表现。2008 年金融危机之后，发达经济体中央银行保持的低利率政策使得资本流向新兴经济体。资本流的这一动向备受争议，持指责观点的一方认为这种流动是受投机性套息交易的驱动，投机交易者通过利用发达国家和新兴市场国家的利率差异而破坏汇率稳定。撇开这一争论不提，货币政策与资本流动之间的关系仍有待进一步了解。艾金鲍姆和埃文斯（Eichenbaum & Evans，1995）发现美国的货币紧缩政策在短期内导致利率上升，所以短期内美元升值。他们发现美元升值幅度最大的时候并不是货币政策冲击刚刚发生的时候。根据利率平价理论，如果本币（高利率货币）与外币（低利率货币）的利差增加，则本币将预期贬值。如果其他决定利率的变量不变，这种利差的增加只是由货币冲击导致，那么汇率对这一冲击的脉冲响应应该以本币的贬值表现出来。然而，艾金鲍姆和埃文斯的经验结果发现在初始的货币紧缩之后，本币仍然升值。这一现象（也被称为"滞后性超调"），与非抛补利率平价相悖。不过，浮士德和罗杰斯（Faust & Rogers，2003）对"滞后性超调"的稳健性提出了质疑，他们采用 1974 年 1 月至 1997 年 12 月的数据分析认为货币政策冲击不大可能对美元兑英镑或美元兑德国马克的汇率变化解释太多。

因为一般可见利率相比汇率更加稳定，套息交易经常被描述为单纯对汇率变化所进行的押注，但是套息交易的重要性显然并不局限于外汇市场。为理解这一点，可以通过跟踪互相关联的金融中介的资产负债表探究金融系统内杠杆化赌注的轨迹。希望在次级抵押贷款证券市场持有投机性杠杆头寸的对冲基金需要从经纪商手中获得融资。尽管在图 1.1 中经纪商用"华尔街投资银行"来表示，但是这一情景同样适用于在伦敦运作的对冲基金，例如这一基金可以从总部在苏黎世、法兰克福、伦敦或巴黎的银行获得融资。经纪商是一个杠杆化的机构，典型的投行杠杆比率在 25 ~ 30 倍。为给对冲基金融资，经纪商也需要从另一方借款。

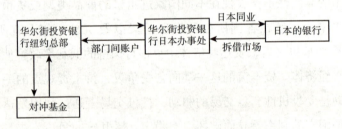

图 1.1 资产负债表上套息交易的轨迹

资料来源：哈托利和希恩（Hattori & Shin, 2009）。

如果华尔街投资银行从纽约借入美元，它需要支付接近美国短期的银行同业拆借利率的利率水平。但是，如果它从东京以日元进行融资，却只需要以较低的日元隔夜利率支付利息。事实上也是如此，跨国银行可以通过它在东京的分行借入日元。通过在日本借入日元，投资银行可以循环利用日元融资，例如它既可以把资金借给对冲基金客户，也可以把资金保持在自己的银行账目上为自己持有抵押资产提供资金。

在图 1.1 中，华尔街投资银行在东京的办事处对日本的银行负债，但是对纽约总部拥有日元债权。华尔街投资银行日本办事处对其总部的贷款反映在部门间的账户中。尽管从银行同业负债（终端链条）可以看出总的日元负债的一些端倪，但是从部门间账户（次末端链条）中可以更清楚地看出有多少日元负债被用于给日本境外的经济活动融资。

　　以往的研究很少对人民币作为套息交易货币进行深入分析，一方面是因为我国资本项目还存在管制，普遍认为投机者从事套息交易活动的成本较高；另一方面，即使存在以人民币作为目标货币的"热钱"① 流入，相应的程度和规模也不易测算。事实上，全球金融危机导致外部需求疲软，中国相对较高的国内利率使人民币套息成为外资流入不可忽视的途径。国内与国外较大的利率差以及 2016 年之前人民币的升值预期，使人民币成为套息交易者新宠。事实上，掉期交易、虚假贸易都可以作为人民币套息交易的常用方式。掉期交易是指在买入或卖出即期外汇的同时，卖出或买进同一货币的远期外汇，以防止汇率风险的一种外汇交易，是当前用来规避所借外债的汇率发生变化所带来风险的一种主要手段。货币掉期交易和利率掉期交易是两种常见的掉期交易形式。货币掉期指两种货币之间的交换交易，一般是指两种货币资金的本金交换；利率掉期是同种货币资金的不同种类利率之间的交换交易，一般不涉及本金的交换。掉期交易涉及即期交易与远期交易或买卖的同时进行，主要用于银行同业之间的外汇交易。因为掉期交易可以规避汇率风险，所以一些大公司也经常利用掉期交易进行套利活动。掉期交易是一种灵活、有效的避险和资产负债综合管理的衍生工具。目前，这种交易形式已逐步扩展到商品、股票等汇率、利率以外的其他领域。

　　本书主要考察通过商品贸易进行的套息交易活动，所以首先关注通过虚假贸易方式进行的人民币套息交易。从图 1.2 不难看出，人民币套息的收益率与出口缺口之间存在较强的相关性，2013 年 5 月套息收益率

---

　　① 根据《新帕尔格雷夫经济学大辞典》的定义，热钱是指资本持有者或者出于对货币预期贬值（或升值）的投机心理，或者受国际利差收益明显高于汇率风险的刺激，在国际间进行的大规模短期资本流动。

最高的时候也是出口缺口最大的时候。考虑到出口到香港的货值只占内地出口总值的很少一部分，借高报出口流入内地的"热钱"可能十分可观。通过巨额贸易顺差流入的外汇，被中央银行吸收后兑换成人民币从而增加货币供给，形成流动性。货币政策冲击会影响汇率和利率水平，而全球经济体货币政策是不同步的，这会带来全球资金的巨大迁移。套息交易逆转将导致市场剧烈动荡，因此非常有必要深入研究人民币套息与贸易失衡之间的内在关联，并探究我国特殊的资本管制政策与两者之间的关系。大宗商品作为一种特殊的资产，分析其流动性与流动性风险对商品套息收益有何影响，也是本书重要的研究内容。

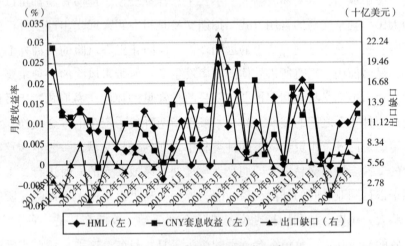

图 1.2　人民币套息收益与出口缺口

注：出口缺口 = 内地出口至香港的货值 – 香港进口至内地的货值。

HML 表示根据门霍夫等（Menkhoff et al.，2012b）方法计算的 HML 收益率。

资料来源：根据中经网统计数据库及中国香港金管局网站整理。

图 1.2 中的 HML 具体计算方法为：首先，根据月末的利率高低对上述货币进行排序；其次，把上述货币分成三组，第一组包括利率最低国家的货币，第三组包括利率最高国家的货币，样本期的每个月都对上述货币重新排序；最后，HML 等于第三组货币的收益与第一组货币收益

之差。HML 可以解释为借入低利率国家的货币投资到高利率的国家这一策略所获得的收益。人民币套息收益表示根据卢斯蒂格等（Lustig et al.，2014）计算美元套息收益的方法计算的人民币套息收益。具体而言，人民币套息策略为持有短期利率高于人民币短期利率的外国货币同时卖出其他货币所获得的收益率。图 1.2 显示 HML 与人民币套息收益一般同向变化，HML 较高的时候也是人民币套息收益较高的时候。另外，出口缺口与人民币套息收益显著正相关，尤其在最近几年趋于正，并在套息收益较高的时候显著升高。这说明我国的资本管制并未将人民币完全置于套息交易者视线之外。除了人民币，图 1.2 选择的另外 7 种货币有：英镑、加元、美元、欧元、港元、日元及瑞士法郎。样本区间为 2011 年 9 月至 2014 年 6 月。其中，中国的内地出口至香港的货值数据来自中经网；中国的香港进口自内地的货值及香港同业拆借利率（HIBOR）资料来自香港金管局网站。

1.2　研究的目的与意义

近年来，随着人民币国际化进程的加快，我国也逐渐由经常账户开放变为经常账户和资本账户同时开放，这意味着流入和流出我国境内的资本将会更加顺畅，投机性"热钱"的相关问题也日益受到人们的重视。事实上，在资本账户并未完全开放的时候，国内与国际的利差已足够吸引大量投机资本通过不同的渠道流入，很多文献也都对此进行过相关研究。本书在此背景下研究是否存在通过贸易进行的隐蔽的套息交易行为，并分析隐蔽套息交易存在的特殊渠道，该部分有助于理解出口缺口的存在及隐蔽的套息交易行为对我国贸易顺差的影响。

另外，长期以来，我国实行较强的资本流出管制而资本流入管制程度相对较弱，这一特殊的资本管制政策对我国的资本流出及境外的资本流入产生了深远的影响，为探究不对称资本管制及套息交易的机会对贸易差额的影响，本书构造 OLG 模型对这一问题进行研究。考虑到隐蔽的套息交易可能通过不同的行业借助不同的商品进行，本书进而分析了以大宗商品为媒介的国际资本流动。作为一种特殊的资产类型，不同商品的流动性及流动性风险水平对商品套息收益的影响可能与外汇市场不同，从事商品套息交易的投资者对商品的流动性也可能有不同的要求，所以本书区分了商品的流动性特性与流动性风险的特性，并对两者与商品套息收益之间的关系进行了分析。

本书的意义在于系统地借鉴国际范围内对投机性国际资本流动的最新研究成果，较为深入地研究我国的贸易失衡与国际资本流动之间的关系。为了梳理剖析国际资本流动与贸易失衡之间的关系，有必要对"热钱"流入中国的方式进行深刻解读，探寻人民币套息的收益以及资本项目管制下人民币套息的方式选择，并对人民币套息交易的主体进行分析。如果国内企业侧重于通过高报出口从事套息交易而非投资生产，单纯依靠调整汇率的宏观政策，将只会加剧市场动荡，增加经济的下行风险，资源错配问题无从得以解决，直接影响经济的长期增长。

不对称的资本管制不易衡量，所以本书通过数理模型分析这一特殊的资本管制与国际资本的投机机会及贸易失衡之间的关系，分析揭示不对称资本管制不仅能影响资本流向，也可能影响消费水平、储蓄水平及本国的贸易差额。而对商品流动性特性、流动性风险与商品套息收益之间关系的分析有助于理解流动性及流动性风险是否是决定商品套息收益的定价因素。总之，本书的研究不仅有助于从理论上深刻理解我国的经济运行规律，也为政府部门监管市场、维持市场稳定提供了重要的研究参考。

汇率是影响国际资本流动的重要因素。虽然传统的观点认为汇率水平不会影响外商投资流动，但其前提是预期未来的汇率水平不变。

研究发现，汇率的不确定性会对外商投资产生较大影响，而且对不同的国家来说这一影响是不同的，甚至还会随着时间的变化而变化。宏观经济的不确定性是推动还是阻碍企业进入国外市场，取决于其成本和收益的权衡。一方面，对于一个风险厌恶型的企业来说，较高的汇率波动将会降低企业的确定性等价值；另一方面，相对于出口，直接投资可以减少企业面临汇率波动时的利润损失，汇率波动的增加也可能导致企业以直接投资来替代出口。研究表明，汇率波动可以增加外商投资的流入，也可能减少外商直接投资，而对"一带一路"沿线国家来说，其汇率波动对外商直接投资将产生怎样的影响，还有待深入研究。因此，本书借助"一带一路"沿线国家数据分析征用风险和汇率波动对资本流动的影响，既可以丰富关于征用风险对国际资本流动影响的研究成果，也可以弥补国内关于"一带一路"沿线国家征用风险研究的短缺，为"一带一路"倡议的政策制定提供参考，具有重要现实意义。

　　资本无序流动将导致市场动荡，金融监管部门出于抑制投机、平滑市场的考虑多采用对交易过程征税的方式管制市场，国际资本流动也是监管部门管制的重点对象。尽管已有的很多文献都研究了资产交易税的大小对资产价格的影响，但鲜有文献讨论不同的征税时间或税收承担者不同对资产价格波动性的影响。本书构建了一个存在资产交易税时的理性预期均衡（REE）模型，利用 2008 年 9 月 19 日对买方取消资产交易税这一事件进行计量检验，考察了征税对象变化对市场波动性的影响。本书的模型分析并不局限于资产交易税收的承担，也适用于一般的不对称信息条件下的资产定价。研究发现当对不同的交易者征税时，市场均衡价格所蕴含的信息量以及波动性也会不同，在投资者具有不对称信息的情况下，对不同对象征收资产交易税将对市场效率产生不同的影响。本书的研究也对政府如何调控金融市场以及房产市场，形成合理的价格预期具有重要的启示意义。

1.3 研究方法

1.3.1 文献研究法

利用图书馆、计算机网络和学术联系等多方面途径，搜集有关中国持续的经济增长与巨额贸易顺差关系及国际资本流动的各种文献和资料，综合考虑企业通过高报出口参与人民币套息的事实，把人民币作为目标货币与其他作为融资或投资的货币进行比较，分析人民币作为投资货币的可能性及投资者从事人民币套息交易的途径。

1.3.2 定量分析法

在中经网、彭博数据库、香港特区政府统计处、联合国商品贸易统计数据库（UN comtrade）、中华人民共和国商务部、中国银行、香港金管局、国际金融统计数据库（IFS）、gobal-rates. com 以及 shibor. org 网站，分别搜集其他国家或地区进口至中国境内货值与中国境内出口至其他国家或地区的货值缺口、即期与远期汇率的数据、各类商品的远期和即期价格数据，从联合国贸易和发展会议数据库（UNCTAD）搜集各国 FDI 的流入、流出数据，进出口贸易额数据，GDP 规模，GDP 增长率数据，从世界银行发展指数数据库（WDI）搜集每 100 人所拥有的移动电话的数量作为统计研究和实证分析的基础。运用国际金融学、计量经济学等理论和方法，定量分析隐蔽的国际资本流动对我国贸易顺差的影响程度及各类商品的套息交易收益。本书第 6 章使用 61 个 "一带一路" 沿线国家及地区 1984～2016 年的面板数据，利用系统广义矩方法对因征用风险和汇率波动对国际资本流动中的外商投资影响进行了实证检验。

1.3.3 定性分析法

本书借鉴阿查里亚和斯特芬（Acharya & Steffen，2015）研究欧洲的银行是否从事套息交易的思路，从经验上定性地检验了是否存在通过贸易渠道进行的隐蔽的国际资本流动，并分析了人民币套息交易的特定渠道。为分析流动性特性及流动性风险是否是决定商品套息交易的一个重要定价因素，本书在第 5 章运用资产组合与计量模型两种方法计算了不同商品的非流动性溢价水平，同时构造了可交易的非流动性风险因子，分析非流动性风险溢价水平。

1.3.4 数理模型法

本书第 3 章在欧金尼（Eugeni，2015）的研究基础上构建了一个有生产部门的 OLG 模型。其中，国内与国外具有相同的生产效率，且消费品可以在国家之间自由流动，但是本国对资本实行不对称的资本管制，该国居民只能把部分资本投资到国外，国外的投资者也只能有部分资本投资到国内。在上述假设的基础上研究了不对称资本管制、套息交易的机会与贸易失衡之间的关系。本书第 7 章在不对称信息的条件下构建一个存在资产交易税时的理性预期均衡模型，分析了政府监管对市场效率的影响，结果发现对不同的交易者征税会导致不同的市场效率。

1.4 内容安排与框架结构

套息交易是国际资本流动的主要表现。本书首先从套息交易最新研究的相关内容开始，对学术界关于套息交易的现有研究进行总结。通过对国外关于套息交易的最新研究成果进行回顾，针对人民币套息交易的特殊性，结合我国的具体国情，探究了人民币套息交易的隐蔽性，分析是否存在通过贸易渠道进行的套息交易。进而针对我国实际，分析不对称资本管制与套息交易的机会对储蓄、消费及贸易差额的影响。并对商品套息收益、流动性风险及流动性特性进行测算。最后，讨论了汇率波动对外商投资的影响并对交易税征收与市场效率之间的关系进行了探讨。

本书的结构安排如下：第 1 章为导论，涉及本书的研究背景、研究目的和意义、内容安排及创新和不足等。第 2 章介绍套息交易的风险及研究进展。对套息交易在我国的表现以及套息交易理论的最新研究进展进行了总结和归纳，将其划分为动机、交易策略及影响进行分析。第 3 章在欧金尼（2015）的研究基础上构建了一个包含生产部门、两国的代际交叠模型（OLG），分析了资本管制的非对称性、资本管制及贸易差额之间的关系。第 4 章承接第 3 章分析了国际资本流动对中国贸易失衡的影响。借鉴阿查里亚和斯特芬（2015）识别欧洲一些国家的银行是否从事套息交易的思路，构造相应的计量模型检验中国的贸易顺差中是否存在隐蔽的热钱流动。第 5 章从大宗商品的视角研究国际资本流动的风险及其收益。采用彭博数据库 1980 年 1 月 1 日 ~2015 年 12 月 31 日商品期货的日度数据，剖析了不同商品的流动性特性、流动性风险与商品的套利收益之间的关系。第 6 章以外商投资为例分析了征用风险与汇率波动风险对国际资本流动的影响。基于"一带一路"沿线 61 个国家1984 ~2016 年的面板数据，从汇率波动和征用风险的角度分析了汇率波动和征用风险对外商投资的影响。第 7 章构建了一个存在资产交易税时的理性预期均衡（REE）模型，利用 2008 年 9 月 19 日对买方取消资产交易税这一事件进行计量检验，考察了征税对象变化对市场波动性的影响。第 8 章为结论与研究展望。

1.5　创新点与不足之处

1.5.1　创新点

本书在借鉴以往学者相关研究的基础上，从国际资本流动视角对我国的贸易失衡及市场效率问题展开研究，与以往的研究相比，本书主要在以下方面做了有益的探索：

（1）国际资本流动与资本管制方面，以往的文献尽管很多都对资本管制进行过分析，但是很少分析不对称的资本管制。为了维持市场稳定、防范金融风险，同时也为了不阻碍正常的资本流动，我国长期实行了不对称的资本管制——对外商投资几乎没有限制，而对跨境的资产组合存在严格的管制。本书在代际交叠模型的框架下分析了不对称资本管制、套息交易机会与贸易失衡三者的相互关系，假设国内与国外具有相同的生产效率，且消费品可以在国家之间自由流动，但是本国对资本实行不对称的资本管制，该国居民只能把部分资本投资到国外，国外的投资者也只能有部分资本投资到国内。本书从理论上分析了资本管制的不对称性以及套息交易的机会对本国消费、储蓄、资本流动以及贸易差额的影响。而考虑到很多时候资本管制都是在数量上对流入或流出的资本进行限制，所以本书直接设定流入、流出的管制参数以对其影响进行分析。

（2）国际资本流动与贸易失衡方面，一般而言，真正的套息交易很难识别，为此本书借鉴阿查里亚和斯特芬（2015）的思路，分析存在资本管制的情况下是否存在隐蔽的人民币套息交易行为，从新的视角审视中国的内部失衡问题。为检验是否存在通过贸易渠道进行的人民币套息交易行为，本书也进行了一系列的稳健性检验，构建国债回报率指数，即经济合作与发展组织（OECD）国家十年期国债月度利率算数平均。同时，第4章也在模型中引入其他的宏观经济变量，以控制宏观经济的基本面对贸易失衡的影响。

（3）国际资本流动的风险及其收益方面，近年来，大宗商品不仅作为一种原材料，同时作为一种投资性资产也引起人们的广泛关注。大宗商品不仅与实体经济联系紧密，与天气、自然灾害甚至政治活动也关系密切。事实上，大宗商品市场是仅次于外汇市场的另一个重要的国际化金融市场。然而，研究商品市场投机行为的相关文献却不是很多，而关于商品市场的套息与商品流动性之间关系的研究则更少。考虑到大宗商品投资的流行及其多样化的收益，对商品套息与商品市场流动性的关系进行研究就显得十分重要。通过从彭博数据库搜集1980年1月1日~2015年12月31日商品期货的日度数据，借鉴以往文献的方法计算各种商品的套息收益，并比较不同商品的套息收益及波动性情况。本书采用了一系列测度商品流动性的指标——有效价差（effective spread）、报价价差（quoted spread）、阿米胡德（Amihud，2002）计算的价格影响的变量以及Amivest比率，以此从不同角度衡量各个商品的流动性以及商品市场的流动性水平。

（4）征用风险与汇率波动风险的影响方面，国际资本流动是国际金融领域的研究热点，除了利差之外，征用风险及汇率波动也是影响国际资本流动的重要因素。虽然传统的观点认为汇率水平不会影响外商投资流动，但其前提是预期未来的汇率水平不变。一方面，对于一个风险厌恶型的企业来说，较高的汇率波动将会降低企业的确定性等价值；另一方面，相对于出口，直接投资可以减少企业面临汇率波动时的利润损失，汇率波动的增加也可能导致企业以直接投资来替代出口。研究表明，汇率波动可以增加外商投资的流入，也可能减少外商直接投资，而对"一带一路"沿线国家来说，其汇率波动对外商直接投资将产生怎样的影响，还有待深入研究。本书使用61个"一带一路"沿线国家及地区的面板数据，对因产权保护缺失所导致的征用风险与汇率风险对这一区域外商投资的影响进行了实证研究。

（5）资产交易税征收与市场效率方面，尽管已有的很多文献都研究了资产交易税的大小对资产价格的影响，但鲜有文献讨论不同的征税时间或税收承担者不同对资产价格波动性的影响，在投资者具有不对称信息的情况下，本书通过构建理性预期均衡模型分析了对不同对象征收资产交易税与市场效率之间的关系。通过选取上证指数、深证综指、沪深300 指数，以及在美国纽交所上市的中国公司数据的综合指数，利用2008 年 9 月 19 日对买方取消资产交易税这一事件实证检验了资产价格发现效率、价格波动性及回报率波动的变化。

总之，本书在理论分析和总结基础上，更加注重数据分析和考察，通过模型深入考察国际资本流动、贸易失衡与市场效率之间的关系。

1.5.2 不足之处

尽管笔者付出了艰苦努力，但由于受到各种条件的局限，本书仍存在许多不成熟之处，有待今后进行深入研究。

（1）在经验研究部分，受到数据可得性的限制，本书只是从宏观层面检验了人民币套息与经常账户之间的关系，并没有从微观的企业层面数据进行分析，而微观数据往往更能说明企业的交易行为。另外，分析不对称资本管制时，本书只是运用理论模型说明，也并未从经验方面研究不对称资本管制对贸易失衡以及不对称资本管制对套息收益的影响，这将是未来研究的重要方向。

（2）在对投资者投资国外资产的形式进行分析时，本书假设只有一种资产类型。现实中，尽管政府部门实施的资本管制对国内投资者投资国外资产的方式、规模以及国外投资者投资国内资产的方式、规模有所限制，但消费者在国内或国外的资产投资上仍然有多种选择，而引入多种资产需要在模型中引入不确定性因素，这也将是后续研究的重点。

（3）在研究国际资本流动与不对称资本管制之间的关系时，为简化模型，本书设定资本管制强度是本国人均储蓄的线性函数，且假定监管方从量上对资本流动进行直接控制。而实际上，资本管制的方式多样，对资本流入和流出的管制方式也有很大不同。另外，我国的资本项目正日益开放，如何在大规模资本流动的背景下进行资本监管，以及对这些不同的资本监管手段也需要设计新的模型予以考虑。

（4）国际商品贸易同时伴随着外汇的结算，所以，外汇市场的流动性与商品市场的流动性之间的关系也深刻影响着套息交易的收益，但是本书只研究了商品的流动性与商品套息收益的关系，并没有分析外汇市场流动性与商品市场流动性之间的关系。另外，在不同的时间区间，如金融危机前及金融危机后，流动性风险可能有有不同表现，流动性风险对不同商品套息收益的影响也可能会有变化，本书也没有考虑，如果在今后的工作中考虑这一点，也将使本书的论证更加翔实，因此相关的研究工作有待进一步深入。

（5）因为数据限制，第7章的计量检验仅局限于从对买卖双方同样征税，到对买方取消资产交易税这一变化对价格发现及波动性的影响方面，而纳税主体从卖方到买方以及其他的变化对市场效率的影响还有待进一步的研究。另外，在长期动态的模型中纳税主体的变化对价格发现以及市场波动的影响也需深入探讨。

第2章 国际资本流动的风险、动机及其影响

很多文献都已证明利率平价在现实中并不成立，套息交易者正是利用这一点进行投机。套息交易并不仅限于货币市场，最近的研究表明其应用于其他资产也有很高的收益。套息交易逆转将导致市场剧烈动荡，因而对这一问题的研究十分重要。本章对国外关于套息交易的最新研究成果进行了回顾，从国际资本流动的潜在风险、套息交易的收益、策略以及影响方面对相关研究进行了系统性评述。

2.1 国际资本流动的潜在风险

国际资本流动的不利影响一直受到人们的关注。利用日元作为融资货币，澳元、英镑、加元、新西兰元以及墨西哥比索作为目标货币，张等（Cheung et al.，2012）表明套息交易对目标货币国家的股票市场回报具有正向影响。众多研究都是以日元作为融资货币，尽管套息交易策略可以给投资者带来持续的额外收益，但是一旦日元大幅升值，套息交易者将面临巨大的风险并遭受损失。布伦纳迈尔等（Brunnermeier et al.，2008）强调套息交易收益的崩盘风险（即负的偏度）来自未预期到的高低收益货币之间利率差的冲击。而尼瑞和苏什科（Nirei & Sushko，2011）发现日元的跳跃性升值表现出路径依赖性和极端性，而这是单纯的随机冲击所不能解释的。无论是用负的偏度还是用已实现的波动性的跳跃来衡量，崩盘风险都随投机性头寸的增加而上升。这意味着融资货币可能升值的风险会刺激套息交易发生逆转，这会进一步增大随机冲击的效应。

图2.1展示了2004～2006年的美日利差与美元兑日元汇率的变动。期间，日本经济低迷并长期保持较低利率，短期货币市场利率以至接近于0，而美国经济强劲、利率上升，所以两国的利差逐渐增大。从图2.1也可以看出，在样本期内日元趋于贬值，但是这一贬值的趋势伴随着某些时期日元的大幅升值及汇率的巨大波动。图2.1显示的总体情形违反

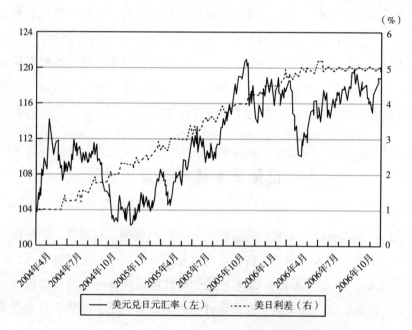

图2.1　2004～2006年美日利差与美元兑日元汇率

注：美日利差＝美国隔夜拆借利率－日本隔夜拆借利率。高收益货币升值不仅违反了非抛补利率平价理论，也是"远期升水之谜"（forward premium puzzle）的一个例子。

资料来源：根据哈奇森和苏什科（Hutchison & Sushko，2013）的研究整理。

了非抛补利率平价理论，也表明了套息交易的盈利机会，但是也可以看出套息交易策略面临着日元升值及汇率波动的风险。

从中美两国利差与美元兑人民币期末汇率的变化也可以看出国际资本流出流入中国的潜在风险。图 2.2 显示，2015 年 7 月及之前人民币汇率升值或者基本平稳，而中美利差显著为正，所以存在以人民币作为目标货币的套利机会。但是，2015 年 7 月之后情况开始反转，一方面，人民币大幅贬值；另一方面，中美利差也逐渐缩小。

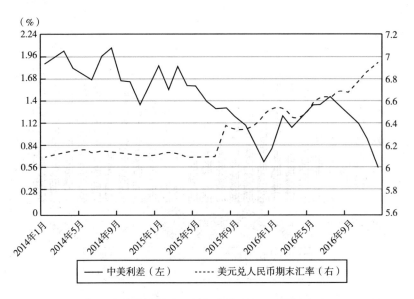

图 2.2　2014～2016 年中美利差与美元兑人民币期末汇率

注：中美利差 = 10 年期中国国债收益率 – 10 年期美国联邦政府证券收益率。

资料来源：10 年期美国联邦政府证券收益率与美元兑人民币期末汇率数据来自中经网统计数据库，10 年期中国国债收益率数据来自中国人民银行官网统计数据。

当人民币处在升值预期期间，可能存在巨大的通过贸易渠道进行的隐蔽套息交易，押注人民币升值并以人民币作为目标货币，所以我国的贸易顺差可能存在着虚高现象。同理，虚假贸易的存在意味着当人民币具有贬值预期时，我们将会观察到国内贸易顺差减少或者进出口差额并不随着货币的贬值而上升。这与一般的经济学原理相违背，因为人民币贬值意味着国内的商品价格更加便宜，国外的商品价格更加昂贵，所以国外消费者对国内商品的需求将会增加，而国内消费者对国外商品的需求将会减少，即本国货币贬值将会引起国内进口减少出口增加。尽管收入效应也可能产生影响——随着净出口增加，本国收入增加，所以最终本国居民对国外商品的需求也会增加，但本国货币贬值对净出口在短期的直接影响将是正向的。图 2.3 展示了 2015～2016 年中美进出口与汇率的变化关系。

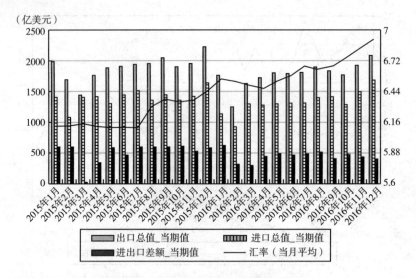

图 2.3 2015～2016 年中美进出口与汇率的变化关系

资料来源：进口总值、出口总值及进出口差额数据来源于国家统计局；汇率数据来源于中国人民银行网站。

人民币币值在 2015～2016 年有贬值倾向（图 2.3 中折线上行），从 2015 年初的 6.1 到 2016 年底的 6.9。然而，我国的出口总额当期值并未表现出持续上升的趋势；进出口差额也没有随着人民币的贬值而上升。当然，进出口差额没有随本币贬值而上升也可能与我国当前面临的经济形势有关，但虚假贸易的影响也不容忽视。

套息交易者面临的最大风险来自汇率的变动，因为掉期交易可以规避汇率风险，所以掉期也是投资者从事套息交易的常用手段。图 2.4 显示了 2016 年 2 月至 2017 年 1 月人民币外汇掉期与汇率的变化。可以看出，在 2016 年 2 月汇率水平较低时，外汇掉期的成交金额和成交笔数也较低；而 2016 年 11 月人民币贬值、汇率水平较高时，外汇掉期的成交金额和成交笔数相应较高。

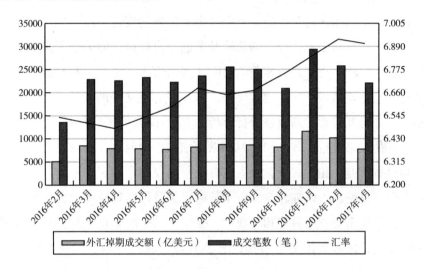

图 2.4　2016 年 2 月至 2017 年 1 月人民币外汇掉期与汇率变化

资料来源：外汇掉期成交额与成交笔数数据来源于中国货币网；汇率数据来源于中国人民银行网站。

非抛补利率平价（即 UIP）理论认为，两国之间的利率差等于两国货币之间汇率的预期变化，即一国利率高于（低于）另一国利率的差额等于该国货币的预期贬值（升值）幅度。而抛补的利率平价（即 CIP）理论假设远期外汇市场存在，此时，一国利率高于（低于）另一国利率的差额应该等于本币的远期贴水（升水）。利率平价意味着所有货币的预期收益应该相同，然而，货币的预期收益受到消费风险、崩盘风险、流动性风险以及国家规模的影响，消费及流动性风险高的国家可能同时具有高利率和低汇率（Koijen et al.，2013）。恩格尔（Engel，1996）综述了 1987 年以来关于远期外汇市场效率的经验研究，发现经验检验一般都拒绝了期汇汇率是对未来即期汇率的条件无偏估计。利率平价理论不成立使套息交易在现实中十分盛行。通过卖出具有远期升水的远期外汇，买进具有远期贴水的远期外汇而完成这一交易。

有别于"利差交易"或"套利交易"，国外文献在提到货币套息时，不仅考虑了国家之间利率的差异也考虑了汇率的变化。从利率平价理论提出以来，针对其是否成立的检验及争论一直持续，但关于套息交易的研究起步较晚，直到最近相关的文献才逐渐增多。学术界对套息交易的现有研究主要从以下三个途径展开：（1）对套息交易的收益进行估计和描述，并对其异常的高收益进行分析；（2）探究最优的套息交易策略，并与其他策略进行比较；（3）从微观或宏观层面对套息交易可能造成的影响进行研究。相比之下，国内现有研究还仅集中在利率平价方面，针对套息交易的深入研究较少。由于长期以来我国实行资本项目管制，尽管离岸人民币套息已具有相当规模，在岸人民币的套息交易仍然比较困难，不过，随着我国资本市场的日益开放，对这一问题的研究将愈显重要。

2.2 国际资本流动的动机

2.2.1 套息收益的衡量

证明套息交易异常收益的文献很多，而对套息收益的准确衡量是进行这一研究的基础。假设存在两期、两种货币，S_t 为即期汇率，F_t 为远期汇率，均以单位外币的本币计价，所以汇率上升表示本币贬值、外币升值。国内的无风险利率为 i_t，国外的无风险利率为 i_t^*。不妨设 $i_t < i_t^*$，此时一个显而易见的交易策略为，以较低的国内利率借入 1 单位本币，兑换成外币，并把这些外币以较高的利率借出。投资者可以在当期同时购买远期合约以对冲外汇风险，假设抛补的利率平价成立，此时有：

$$F_t \frac{(1 + i_t^*)}{S_t} = 1 + i_t \qquad (2.1)$$

若投资者没有购买远期外汇合约，则其净收益为：

$$\Pi_{t+1} = S_{t+1} \frac{(1 + i_t^*)}{S_t} - (1 + i_t) \qquad (2.2)$$

与 CIP 条件式（2.1）联立得到：

$$\Pi_{t+1} = \frac{(1 + i_t^*)}{S_t}(S_{t+1} - F_t) \qquad (2.3)$$

所以套息交易策略的收益相当于购买了 $(1 + i_t^*)/S_t$ 单位远期外币的收益，卡瓦列罗和道尔（Caballero & Doyle，2012）在文中假设投资者只购买了 1 单位的外币远期，此时套息交易的收益可以写作 $z_{t+1} = S_{t+1}/F_t - 1$。

而科珍等（Koijen et al.，2013）认为上述收益不仅是套息的收益，还包含了预期到的价格增值，他们认为总收益具有如下形式：

$$r_{t+1} = C_t + E_t\left(\frac{\Delta S_{t+1}}{F_t}\right) + u_{t+1} \qquad (2.4)$$

其中，r_{t+1} 为总收益，$\Delta S_{t+1}/F_t$ 为价格增值部分，而套息收益 $C_t = S_t/F_t - 1$，u_{t+1} 为未预期到的价格冲击。

考虑不止有两种货币的情况，f、s 分别表示期汇汇率和即期汇率的对数形式。在 t 期末，把货币按其在 t 期末的远期贴水情况 $f - s$ 分成 5 组，门霍夫等（2012a）把货币依利率从高到低排序，资产组合 1 包括利率最低国家的货币，组合 5 则包括利率最高的货币。则每月持有货币

k 的超额收益为 rx^k：

$$rx_{t+1}^k \equiv i_t^k - i_t + \Delta s_{t+1}^k \approx s_{t+1}^k - f_t^k \tag{2.5}$$

其中，i_t^k 为 k 国在 t 期的利率。这一简单形式也被其他计算套息收益的文章直接采用（Christensen et al.，2011）。持有每类资产组合的超额收益为该资产组合所包含收益的算术平均值。组合 5 与组合 1 的收益之差即为套息交易的收益 HMLFX。卢斯蒂格等（2013）计算套息收益时采用了类似的形式。

也有文献直接用两国之间的利差来衡量（Bhansali，2007；Habib & Stracca，2012），奥格鲁克（Ogruk，2012）也是用利差衡量套息收益，只是区分了泰勒规则隐含的利差与实际利差。对套息收益不同的衡量方式，反映了不同文章研究角度的不同，不过其高收益却得到了大多数学者的认同。如伯恩赛德等（Burnside et al.，2011b）证明，通过采用衍生品补偿了大部分的下行风险之后，套息交易仍可获利。

2.2.2 异常收益及其解释

尽管很多文献多用式（2.4）或式（2.5）衡量套息的收益，但"远期升水之谜"多是通过检验式（2.6）发现：

$$s_{t+1} - s_t = a + b(i_t - i_t^*) + u_{t+1} \tag{2.6}$$

其中，s_t 为当期名义汇率的对数形式，i_t 表示从 t 到 $t+1$ 期国内货币的无风险名义利率，i_t^* 表示对应的国外货币的无风险名义利率，u_{t+1} 为残差项。对很多货币对的计量回归发现式（2.6）的斜率通常小于 1 且为负值。在原假设下利率平价成立，应该不存在套息收益，所以对式（2.6）的回归中应该有 $a = 0$ 且 $b = 1$。但是，原假设几乎总是被拒绝。米斯和罗格夫（Meese & Rogoff，1983）发现汇率变化遵从随机游走，所以投资者有机会在不遭受投资货币贬值的情况下获得利率差额。而法玛（Fama，1984）发现平均来讲，投资货币比融资货币更倾向于升值。"远期升水之谜"说明进行套息交易的投资者通过持有利率较高国家的货币除了利差之外也能从中获得这些货币升值的收益。当资本完全流动的时候，根据抛补利率平价也可以找到一些理由解释"远期升水之谜"为何会出现。这些解释可以分为两类，一类基于风险升水，而另一类基于理性预期假设。大部分的研究可以归到这一类，把远期市场的预测误差系统性组成部分解释为一个风险溢价，实际上也支持了理性预期假说。另一类解释对理性预期假说的有效性表示质疑，并认为市场参与者具有预测偏误，至少在样本内来说如此。

不可预测性通常作为市场效率的证据，但对货币即期汇率则不然，大量经验研究表明，利差并不能预测相抵的贬值，也就是说高利率货币事实上倾向于升值，这一现象通常被称为"远期升水之谜"。伯恩赛德等（2011a）考察了 1976 ~ 2010 年 20 种主要货币的等权套息策略（equally-weighted carry trade），发现其夏普比率为 0.89，远高于同期美国股市的平均收益。卡巴莱罗和多伊尔（2012）采用 2004 年 3 月 ~ 2012 年 8 月 67 国货币的数据研究发现，对冲后套息策略的夏普比率为 0.79，高出所要求回报的 40%。卢斯蒂格等（2014）构造的"美元套息"交易策略，其夏普比率超过 0.50，高于同期 HML 套息组合及美国股市的表现。

考虑极具流动性的外汇市场，不存在国家之间的资本流动壁垒且存在跨国的货币投机，此时很难想象套息交易为何仍然盈利。门霍夫等（2012a）检验了全球外汇波动风险与货币资产组合的回报之间的关系。通过检验发现，当低利率货币通过产生正收益提供对冲时，高利率货币与全球外汇波动的扰动负相关，所以在未预期到的高波动情况下导致了低收益。换句话说，套息交易在市场动荡时表现不佳，因此其高收益可以看作是对其高风险的补偿。卢斯蒂格等（2014）拓展了卢斯蒂格等（2011）的无套利模型，采用 1983 年 11 月至 2010 年 6 月的月末数据，发现平均远期贴水（AFD）和美国产业增长率可以解释约25%的套息收益。

更多的文献则检验了套息收益是否可以由崩盘风险（可能的极端事件发生）来解释，但所得结论却不尽一致。法尔希等（Farhi et al.，2009）把套息交易的高回报率归结为崩盘风险，他们发现发达国家大约25%的套息交易回报来自崩盘风险，不过仍无法解释较大比例的收益来源。布伦纳迈尔等（2008）的文章显示，高利率国家货币的汇率变化具有负的偏度（即崩盘风险），即使通过多样化，仍无法规避崩盘风险，同样说明了套息交易的高回报只是对其面临崩盘风险的补偿。科珍等（2013）识别了套息收益最好和最坏的时期，分别记为套息亏损期（carry drawdowns）及套息盈利期（carry expansions），研究发现套息策略对所有资产都表现不佳的时候正是全球经济经历衰退的时候。因此，文章说明，部分的平均收益溢价可能是对全球经济衰退等极端事件发生时对风险的补偿。

而伯恩赛德等（2011b）发现用平价期权外汇期权对冲套息交易并不能改变其回报，因此得出结论认为，崩盘风险并不是溢价的来源。尤里克（Jurek，2014）运用G10国家价外期权外汇期权的数据，比较未对冲和对冲后交易的收益，也发现崩盘风险只能解释不到三分之一的异常收益。巴罗佐和圣克拉拉（Barroso & Santa-Clara，2015）考虑了股市与债券和货币策略结合的最优组合，发现在最优资产组合中包括货币策略可以使夏普比率平均提高0.51，而且降低了厚尾与左偏程度，这与货币市场上的回报由崩盘风险解释的观点相矛盾。

由于投资者追求利润最大化，异常回报在市场中是不可持续的。然而相比权益市场，货币市场中逐利资本所占比重较小，在大多实行浮动汇率的地区更是如此（Jylhä & Suominen，2011）；而且，制定货币政策并偶尔干预货币市场的中央银行并不追求利润（Taylor，1982）；再者，企业以及散户参与者也会有与赢利无关的套利需求，从而影响市场结果

（Hafeez & Brehon，2010）。货币市场中逐利资本的稀缺以及大量资本追求与利润无关的目标，这一点也可能解释了异常回报的存在，然而关于套息收益的其他解释却很少有文献提及并深入研究，这应是未来进一步研究的方向。

2.2.3 影响因素

对套息交易的高回报进行解释，分析其所面临的各种风险，显然十分重要；但对关于套息交易更本质问题的研究——套息交易活动受到哪些因素的影响，这些因素中哪些起主要作用，不仅在现实中具有重要的意义，也是学界十分感兴趣的问题。

通过借入低利率的货币投资到高利率货币的国家，套息交易在外汇市场上是较流行的策略。安祖尼和福纳里（Anzuini & Fornari，2012）引入超额外汇回报、利差、双边汇率回报偏度（汇率风险的代理变量）以及外汇期货市场的净头寸，从 1986 年 1 月开始对六种货币相对美元各变量的 VAR 模型及其混合回归模型进行了估计，计算利差冲击的脉冲响应。与布伦纳迈尔等（2008）的结果一致，未预期到的利率缺口导致高收益货币持续的正回报，高收益货币的头寸持续增加，随着外汇期货市场上头寸的上升，外汇汇率收益的偏度下降。随后文章拓展了 VAR 模型，引入两个宏观经济变量、两个信心指数，并通过对特定的脉冲响应进行符号约束，识别了四种类型的结构冲击——需求、供给、信心以及货币政策冲击，这样文章就解释了在利差变化、汇率变化以及套息交易时何种冲击起主要作用。结果显示，尽管货币冲击及供给冲击对不同的货币有不同的影响，但需求冲击及信心冲击是决定套息交易的有力因素。而费尔切尔和冯纳克（Felcser & Vonnàk，2014）则利用符号约束识别出国内的结构冲击和国外的结构冲击，他们的方差分解结果显示国内货币政策与风险溢价冲击是套息交易的主要驱动因素。

许多文献通过排除非对称性来解释条件风险溢价（Bansal & Shalia-stovich，2013；Colacito & Croce，2013），事实上，把套息交易的平均回报完全归于条件风险溢价已成为国际金融领域的长期共识。然而，卢斯蒂格等（2011）认为货币的无条件风险溢价很大。无条件风险溢价的存在，意味着面临公共冲击时国家之间的异质性是持续存在的。这种异质性可能从更深程度上决定了套息交易的方向。专门出口基本商品的国家倾向于具有较高利率，相反，如日本及瑞士这些进口基本投入品、出口最终消费品的国家通常具有较低利率。喏迪等（2017）构建了关于这一现象的理论模型，为套息交易的方向，即在两国模型中何者为高利率货币国，何者为低利率货币国提供了一种解释。因为最终产品生产国的产出吸收了大部分的生产率冲击，在好的状态下消费更多，而在坏的状态下消费更少，所以其消费的波动性更大，平均而言其预防性需求更大，利率更低。利率上的差别一般而言并不能转化成"商品货币"的贬值，反而产生了正的平均回报，由此产生套息交易策略。

从以上分析可以看出，国外关于套息收益的研究已经十分深入，对风险升水的解释也取得了比较有价值的研究成果。不过，在关于套息的影响因素方面，仍有两点值得注意：第一，因为一般关于套息交易量的数据难以获得，现实中通常把套息收益作为分析对象。对于逐利资本而言，这种做法有一定道理，不过，如何准确衡量套息交易量，并将其恰当地运用到经验分析中，仍是值得探索的问题。第二，已有研究从货币市场的流动性角度，分析其对套息收益的影响（Mancini et al.，2013；Menkhoff et al.，2012a），但从政策层面分析其对套息交易的影响仍然十分鲜见，而这一问题对当局引导资本合理、有序流动具有重要的现实意义。

2.3 国际资本流动的策略

理论模型的不断拓展和数据处理技术的日益完善，使研究者开始关注多样化的套息交易策略。关于套息交易策略的实证研究也越来越多，较具有实践意义的经验文献也开始陆续出现。其中，具有代表性的研究成果主要包括以下几个方面。

2.3.1 多样化资产组合

撇开交易成本不算，在未对冲汇率风险的情况下，套息策略相当于借入低利率的货币而贷出高利率的货币。伯恩赛德等（2008）说明这一策略可以应用于单个货币也可以应用于货币资产组合，他们搜集了 23 国 1976 年 1 月至 2007 年 6 月的数据进行检验，从个体外汇交易者的角度证明，在不同币种之间实施多样化的套息交易可以获得较高回报，多样化可以把夏普比率提高 50%。

传统的套息交易一直都有较高的收益率，但却面临崩盘风险，然而，用均值方差分析法构建的动态多样化投资组合，即使在危机时也具有良好表现。在汇率随机游走的前提下，阿克曼等（Ackermann et al.，2012）把美元作为本币，考虑了投资者在样本区间（1989 年 1 月至 2012 年 6 月）的最优化问题。通过在一定回报下最小化货币回报的方差，解得最优权重，进而对另外 10 种货币进行为期 1 个月的组合投资。结果在整个样本区间，这种多样化资产组合的夏普比率超过 1。

2.3.2 泰勒规则

关于套息交易异常收益的文献，多数研究结果显示套息交易易遭受崩盘风险，为降低这一风险，伯恩赛德等（2008）建议实行多样化，约德和泰勒（Jordà & Taylor，2012）则提出了基于泰勒规则的策略。的确，在宏观经济领域，许多研究者和政策制定者估计了发达国家和发展中国家泰勒规则的有效性。而如果这些国家的货币当局决定名义利率时，反应函数遵循泰勒规则，那么投资者是否可以利用泰勒规则模型作为一种交易策略呢？李（Li，2011）运用泰勒规则预测汇率，估计了套息交易的盈利性。泰勒规则可在名义利率决定中发挥重要作用，正是从这一角度，罗森伯格（Rosenberg，2008）认为泰勒规则也可以给套息交易策略为何具有持久的超额回报提供一些解释。约德和泰勒（2012）把UIP的失效与泰勒规则的预测力相结合，发现通过运用泰勒规则增进的套息交易策略，既考虑利差又考虑相对购买力平价，极大地降低了套息交易的崩盘风险。奥格鲁克（2012）利用六种主要货币相对日元、瑞士法郎和美元汇率的时间序列数据，检验了泰勒规则是否可以作为一种交易策略在收益率和风险方面提高套息交易的绩效。通过比较引入实际利率（基准模型）和引入泰勒规则所隐含利率之间的绩效，研究发现，如果投资者把泰勒规则所隐含的利率差作为一种交易策略，可以降低崩盘风险。

2.3.3 套息策略与其他策略的结合

数十年来，基于利差的简单套息交易，即买进高利率的货币同时卖出低利率货币的交易行为，得到了较广泛的研究。最近的很多研究仍关注基于简单套息信号的策略（Brunnermeier et al.，2008；Burnside et al.，2011b），然而贝尔热等（Berge et al.，2011）发现，只使用套息策略的投资者可能收益不佳，现实中市场参与者也会遵循价值和动量（momentum）等其他策略（Pojarliev & Levich，2011）。

近年来，关于货币投资方面的研究日益增多，门霍夫等（2012b）说明了货币动量的性质，伯恩赛德（Burnside，2011）检验了套息与动量的结合，阿斯尼斯等（Asness et al.，2013）则研究了价值投资与动量投资的结合。约德和泰勒（2012）基于套息、动量以及价值（CMV）的直接交易策略，运用受试者工作特征曲线（receiver operating characteris-

tic curve，ROC），评估了这些信号的直接绩效。贝尔热等（2011）拓展
了 ROC 技术，并将其应用于包括尼尔森 - 辛格尔（Nelson-Siegel）相关
因素信息的更宽的信号集。通过以上方法，贝尔热等（2011）发现
CMV 信号和远期收益曲线信号都包含了独立的以及有价值的预测信息；
无论是样本内还是样本外检验，使用全部信号集并利用组合资产进行交
易是有利可图的，即使考虑了风险因素之后，夏普比率以及偏度性质仍
然比较显著。

　　诚然，没有理由去相信只在一种给定的特质下选择的资产能创造超
额回报，投资者确定使用哪种信号，对每种信号如何赋权，以及如何处
理估量误差和交易成本等，投资者面临的这些不确定性通过最优化方法
可以更准确地得以反映。巴罗佐和圣克拉拉（2015）采用勃兰特等
（Brandt et al.，2009）提出的参数组合策略的研究方法进行最优化，这
一方法依资产特质设定资产的权重，通过解最优化问题得到待估参数。
为检验多样化的收益在危机之前是否如危机之后一样明显，他们用欧元
区以及 27 个 OECD 国家的货币数据进行了两种检验：（1）预样本检验，
即采用 1976～1996 年期间的 21 年数据以决定哪些特质在该区间是相关
的；（2）样本外检验，使用预样本检验中识别的相关变量，检验包括套
息策略、动量策略以及价值策略最优组合的稳健性。研究发现，利差、
动量以及价值反转给投资者带来了经济价值，而经常账户和实际汇率等
基础变量却没有。因为最优多样化的策略极大地降低了崩盘风险，所以
确定性等价下，收益更加可观。

　　以上所述的套息交易的各种策略并不是货币市场独有的，而多是从
权益市场发展而来。例如，动量策略和投资组合的多样化策略均是首先
在权益市场中展开研究。套息策略也不是仅适用于货币市场，最近的研
究表明，套息策略也可应用于许多其他资产。科珍等（Koijen et al.，
2013）通过检验不同成熟期的美国国债、信贷资产以及美国股指期权发
现，对上述每种资产，套息都表现出了较强的收益预测性。套息策略与

其他策略的相互交织以及套息策略在其他资产中的应用，进一步深化了对现实的理解和把握，增强了套息模型的应用能力。

2.4　套息交易的影响

上述关于套息交易的异常收益以及套息策略的研究，有助于理解套息交易及其在实际中的应用，还为理解微观个体的套息交易行为提供参考。不过，套息交易具有什么样的影响也是套息交易研究的重要组成部分，也一直备受学界关注。

2.4.1　微观层面——套息交易与商品价格

企业持有存货时，存货成本、便利收益率及远期即期价差都会是权衡因素，弗兰克尔（Frankel，2014）基于企业的这一套利决策，通过强调存货的媒介作用，构建和估计了一个石油以及其他可储存商品价格的模型。在模型设计方面，文章假定实际的商品价格是实际利率、储存成本、便利收益率以及风险溢价的函数。在具体的数据使用方面，存货水平可以反映储存成本，而经济活动则是便利收益率的一个决定因素。文章运用了调查数据来测度预期未来现货价格的变化，尽管这一预测与事后的价格变化仍有差距，但无论预测是否精确，最主要的在于这一预测能捕捉到市场参与者的想法，并决定其行为。

从微观层面研究套息交易影响的文献较少，但并非不深入。弗兰克尔（2014）的经验结果显示，存货变量是显著的，直接由调查数据测度的风险溢价在统计上也是显著的。较低的真实利率通过提高存货需求，给真实商品价格带来了上升压力，其影响超过其他的货币政策。说明存货水平、经济活动以及套息交易的两个决定因素——利息率和预期未来现货价格的变化对商品价格具有显著影响。

2.4.2　宏观层面——套息交易与汇率

很多时候商品的价格总是一起变动，这时很难忽略宏观经济层面的影响。近年来，很多经验文章都表明货币套息推动了汇率的变化，并把本次金融危机解释为套息交易头寸突然、巨大的逆转（Gagnon & Chaboud，2007；Melvin & Taylor，2009；Kohler，2010）。而布伦纳迈尔等（2008）认为套息交易的存在并非汇率市场的不稳定因素，反而在未预期到的利率冲击发生之后，立即推动着汇率趋向 UIP 预期的水平，从这一点来说，外汇市场中崩盘风险的存在使投机者不愿持有较大头寸。因此，UIP 在经验上不成立可能是因为流动性约束的存在，使高利率国家的资本流入太慢，汇率只能渐进升值；而突然的汇率变化可能来自投机者面临资金约束时套息交易的逆转。

如果说上述研究还只是推测性的，恺佐基（Kaizoji，2010）则提供了一个用套息交易解释货币泡沫的理论模型。考虑两种货币——本币和外币；投资者分为两种类型——理性投资者和套息交易者；选择货币组合时，理性投资者利用资产定价模型（如 CAPM）最大化期末财富的预期效用，而套息交易者则通过最大化两种选择的随机效用——买进本币卖出外币，或者买进外币卖出本币。假设套息交易者的决策受到对套息交易的预期回报，以及其他套息交易者决策的影响。交易者的决策相互影响表现为从众行为，这一行为及羊群效应导致了泡沫，并在泡沫的最终破裂中扮演了重要角色。在恺佐基（2010）的模型中，套息交易者相信套息能取得好绩效是可以自我实现的，从而在货币泡沫期间 UIP 不成立成为套息交易的自然结果。因此，文章的模型为外汇远期升水提供了令人信服的解释。

货币政策对套息资本流入的作用也不能忽视，普朗坦和申（Plantin

& Shin，2011）利用弗兰克和波兹内（Frankel & Pauzner，2000）以及布尔奇尼等（Burdzy et al.，2001）发展的均衡选择技术求解动态协调博弈。他们认为套息交易是稳定性投机还是非稳定性投机，取决于资本流入国央行采取何种货币政策规则。套息交易增大了货币政策对汇率的影响，当套息交易者持有国内货币的多头头寸时，信用供给将会增大，从而导致国内需求过热，央行若因此提高利率将会吸引更多的国外资本。结果是货币政策产生泡沫并最终导致货币崩盘。普朗坦和申（2011）因此指出货币政策与资本流入的这种交互作用可能鼓励非稳定性套息资本流入。

无论在学界还是政界，关于最优汇率体制的争论一直持续，套息交易作为一种新的因素也可能影响汇率体制安排。阿尔法罗和坎茨丘克（Alfaro & Kanczuk，2013）基于新的假设重新审视了关于最优汇率体制的争论。在资本流入新兴国家这一现实情形下，考虑了国内债券市场上境外投资者的参与以及新兴国家在国际市场上对套息交易的参与，设定了一个管理汇率的政策选择。他们构建了一个小国开放经济的动态均衡模型，假设债务是非或有的，政府可以发行储备资产。在这些假设下，选择最优汇率体制的问题就转变成了管理最优债务的问题。通过研究不同汇率体制下面临国内和国际冲击时的最优化条件，他们发现最优的汇率体制取决于经济面临何种类型的冲击。

2.4.3 套息交易与贸易平衡

在政策相关的工作以及早期的描述性模型中，经常账户差额被认为是汇率的重要决定因素。不过从一般均衡的角度来说，这一点很难解释，因为经常账户平衡和汇率在宏观经济体系中是同时被决定的，都是外生变量的函数。不过，这两个变量之间的关系可能是动态的（Engel，2014）。

　　库里（Kouri，1976）在资产不完全替代的框架下，假设风险厌恶的投资者希望多样化风险资产组合，研究了收支平衡和汇率之间的关系。国内和国外债券预期收益的偏离将会导致资产之间财富发生转移，而这种转移是边际上的而不是总量上的。投资者厌恶风险的假设，以及实体部门的调整比金融部门慢的假设意味着非抛补利率平价在模型中失效。取而代之，国内经常账户赤字（资本账户盈余）且伴随着国内货币贬值。但是随后，因为外债持有的数据不易获得、资产需求函数的推导缺乏微观基础，以及早期的证据表明收支平衡与汇率之间的相关性较弱，所以这一方面的研究虽有些许突破（Branson et al.，1979；Branson & Henderson，1985），但总体来说相关研究仍然较少。

　　关于贸易失衡问题的分析，很多研究认为中国巨额贸易顺差源自人民币低估，因此指责中国政府操纵汇率。而通过引入金融摩擦解释中国经济增长过程中出现的贸易顺差问题，逐渐得到学术界认可。这方面比较具有代表性的文献有宋等（Song et al.，2011）和文（Wen，2011）。宋等（2011）认为具有较高生产率的私营企业很难进入融资市场，而比较容易融资的国有企业生产率较低，于是资源持续但缓慢地流向私营部门。所以，在资源再配置的过程中，国有部门逐渐萎缩，导致贷款需求减少，银行把多余资本投资到国外形成贸易顺差。文（2011）认为中国的贸易失衡由于经济发展过程中金融体系不完善所致。因为不可保风险较大及存在紧的借贷约束，即使在较高的增长率水平下，储蓄率仍然随收入提高而增长。在收入增长率较高的情况下，国内出口企业将会把较大一部分贸易收入用来储蓄，从而导致外汇储备的累积。

　　事实上，中国的贸易失衡是全球失衡的一部分，大多研究都基于发达国家与发展中国家金融与经济发展的非对称性，来解释这一全球失衡问题。门多萨等（Mendoza et al.，2009）及安杰利托斯和帕努西（Angeletos & Panousi，2011）认为国家之间规避异质风险的能力有所不同，所以金融不发达的国家储蓄更多。安特斯和卡巴莱罗（Antràs & Caballero，2009）则强调了金融摩擦和国际贸易的交互作用。古林卡斯和雷伊（Gourinchas & Rey，2013）在新古典增长模型的框架下解释了资本从富裕国家向贫穷国家的流动。这些研究虽已关注内部失衡问题，但均未考虑行为人可能从事套息交易。事实上，在我国利率普遍高于国外利率以及人民币具有升值预期的背景下，即使存在资本项目管制，企业仍有可能通过高报出口从事套息交易，这是我国巨额外汇储备的另一重要来源。

最近，通过在不完全金融市场的模型中考虑资产流动与金融中介的风险承受能力之间存在相互影响，加贝克斯和马吉奥里（Gabaix & Maggiori，2015）构造了一个有微观基础的资产组合平衡模型。具体而言，加贝克斯和马吉奥里（2015）假设存在两个国家，其中，两国的汇率由全球失衡及金融中介的风险承受能力交互决定。在他们的模型中，国家间贸易失衡，金融中介承担由此导致的货币风险。这意味着金融中介买进借方国家的货币、卖出贷方国家的货币。不过，金融中介持有的头寸受到约束，所以当风险承受能力有限时，即使有利可图金融中介也不愿意调和货币错配。反之，当金融中介有无限的风险承受能力时，如果能获得额外收益他们将会买进或卖出某种货币，因此货币的风险溢价很小。

科尔特等（Corte et al.，2016）在加贝克斯和马吉奥里（2015）的基础上检验了汇率如何决定。他们关注了两个可检验的假说：首先，当作为融资货币国（投资货币国）是外汇资产的贷方，且有较高的倾向发行以本币（外币）计价的债券时，进行货币投资的额外收益较高。货币的额外收益和净外汇资产之间的关系对应加贝克斯和马吉奥里（2015）理论中的外部失衡和货币风险升水之间的关系。其次，科尔特等（2016）检验了当存在金融摩擦（即风险承担能力较低及总体风险厌恶较高）时，净借方国家会面临货币贬值。这一假说清晰地表明了货币风险升水的产生机制——持有净借方国家货币的投资者需要一个风险溢价，因为这些货币在不好的时期（即总体风险厌恶面临较大冲击时）表现较差。科尔特等（2016）认为全球失衡风险因子可以解释不同货币之间套息收益的差异，这一风险因子反映了国家外部失衡程度以及以外币发行外部债券的倾向性。

从以上分析可知，套息交易逆转可能导致金融市场剧烈动荡，但通常而言套息交易量的数据不易获得，所以，大多数研究套息交易影响的文献还只停留在理论层面；学者们对套息交易影响的研究已不仅局限于宏观层面，而是已经捕捉到其在微观层面上的影响。而从经验上论证套息交易的影响以及更深入探究套息与市场上其他变量之间的关系，应是未来该领域进一步研究的方向。

2.5　本章小结

随着全球经济一体化以及更多新数据的采用，学界对于套息交易的认识也不断深入。从早期对套息交易不寻常的高收益的争论，到后来对其收益预测性及其与崩盘风险之间关系的解释；从开始研究仅限于货币套息，到其他类型的资产也进入研究者的视野。学者们发现，在非货币市场领域，套息交易的收益预测性及其绩效水平，都如其在货币市场上一样具有稳健性。在分析影响套息的因素方面，尽管套息交易确实有风险，不过其较大的收益却很难仅用宏观经济风险来解释，套息收益也受到有限套利（Shleifer & Vishny，1997）、交易成本、额定保证金及流动性风险（Gârleanu & Pedersen，2011；Mancini et al.，2013）的影响。考虑到套息交易对市场的重要影响，对这一问题进行深入研究具有重要的理论与现实意义。

不过，本书仍然发现，现有文献大多基于发达国家，针对新兴市场国家的研究较少。这一方面是因为新兴市场国家一般设有一定程度的资本管制，进行相应套息的成本高昂；另一方面是因为数据不透明或区间较短，难以进行有意义的经验研究。而随着中国资本账户的进一步开放以及利率、汇率的逐步市场化，考虑到套息交易对市场的巨大影响，仅从金融稳定的角度来说，在国外相关研究的基础上进行人民币套息交易的研究就显得十分重要。所以，在这一领域研究中，研究投资者从事人民币套息交易的动机及其影响，尤其是理解套息交易中微观主体的动机及其作用，可望为政府部门监管金融市场、维持市场稳定提供有益的参考。

第3章　国际资本流动与资本管制

　　因为国际资本流动突然的、巨大的反转往往导致金融危机，政策制定者很多时候依赖资本管制来管控风险。资本管制适用于本国居民和非居民之间的财务往来。具体而言，资本流入管制适用于国外贷方和国内借方的交易行为；类似地，资本流出管制适用于国内的储蓄者和国际上的借款方之间的交易行为。

　　资本管制割裂了国内和国际金融市场，因为这种割裂，国际上的贷方和国内的代理人面临不同的有效利率。资本管制与宏观审慎政策的区别在于，宏观审慎政策单独约束了国内代理人的借款行为，而无论信用是由国内贷方还是国外贷方所提供，这一政策割裂了借方和所有类型的贷方，结果，经济中的借方和贷方面临不同的有效利率。如图3.1所示，因为资本管制，所以国内市场和国际市场的利率可能不同。

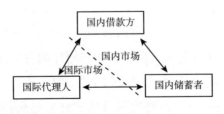

图3.1　资本管制

资料来源：根据科尔内克和桑德里（Korinek & Sandri, 2016）整理。

　　为了维持市场稳定及防范金融风险，我国长期实行了不对称的资本管制——对外商直接投资（FDI）几乎没有限制，而对跨境的资产组合存在严格的管制，现有文献很少对这一独特的管制体制进行过深刻分析。本章在 OLG 模型的框架下研究了不对称资本管制、套息交易的机会与贸易失衡之间的关系。分析表明：如果当局加强资本流出管制且当国内利率高于本国居民投资到国外的收益率时，当期本国年轻人的消费下降、储蓄上升；如果国内利率高于本国居民投资到国外的收益率，当资本流出管制强于流入管制时，本国将为顺差国；相比封闭、自给自足的经济体，允许资本有管制的流动时，如果资本流入管制强于资本流出管制，则存在资本管制时均衡的利率水平大于封闭时期的利率水平，即有管制的开放资本市场将会提高利率水平。

3.1　中国的资本管制背景

美国和东亚国家尤其是中国的贸易失衡吸引了众多经济学者以及政策制定者的持续关注。原因有以下两点：第一，贸易失衡的规模较大，且涉及最富裕的国家——美国和一些新兴的发展中国家（如中国）。根据万德资讯网的数据，2015 年我国的顺差约为 3.69 万亿元人民币，而美国 2015 年的逆差约为 5315 亿美元[①]。第二，贸易失衡并非一个暂时的现象，美国的经常账户自 20 世纪末以来就出现了持续的逆差。如图 3.2 所示，2000~2008 年，我国的贸易顺差呈逐渐上升的趋势，并在 2008 年达到约 2.09 万亿元人民币；而在同样的时间区间，美国的贸易逆差却逐渐上升，并在 2006 年达到峰值约 7617 亿美元。

关于贸易失衡，一个普遍的观点是"储蓄过剩假说"（Bernanke，2005）。其核心思想是：东亚国家较高的储蓄率导致了世界经济储蓄过

---

① 笔者根据万德数据库整理。

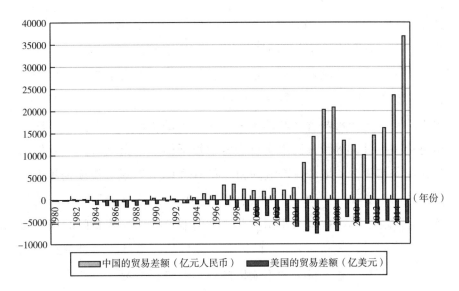

图 3.2　1980～2015 年中美两国的年度贸易差额

资料来源：根据万德数据库整理。

剩，由此导致资本流向美国及其他低利率国家。不过，很多学者认为理解全球失衡需要全球视角，而且这一独特现象不仅反映了美国的经济政策及其经济发展情况，还应该被看作是一种均衡现象（Eugeni，2015）。本章在欧金尼（2015）的基础上构建了一个有生产部门的 OLG 模型，研究了不对称资本管制、套息交易的机会与贸易失衡之间的关系。其中，国内与国外具有相同的生产效率，且消费品可以在国家之间自由流动，但是本国对国内资本实行资本管制，所以本国居民只能把部分资本投资到国外，国外的投资者也可以有部分资本投资到国内。

从图 3.2 可以看出，我国从 1994 年以来一直保持贸易顺差。根据国家外汇管理局网站的信息，2016 年前三季度，我国经常账户顺差 1727 亿美元，其中，货物贸易顺差 3669 亿美元，服务贸易逆差 1830 亿美元，初次收入逆差 67 亿美元，二次收入逆差 45 亿美元；而资本和金融账户逆差 94 亿美元，其中，资本账户逆差 3 亿美元，非储备性质的金融账户逆差 3032 亿美元，储备资产减少 2941 亿美元①。这说明我国远未达到账户平衡，无论是经常账户还是资本账户，顺差或逆差都是结构性的。

事实上，贸易流和资本流是密切相关的，驱动资本流动的利润动机同样深刻地影响着商品贸易。但现有文献多单独研究其中一种现象，很少综合起来分析两者之间的关系。我国早已实现了经常项目下的自由兑换，不过，尽管人民币实行经常项目下的可自由兑换，与其他的发达国家相比，跨境的资产流动相对我国的 GDP 来说，规模仍然不大（Gourinchas & Rey，2013；Song et al.，2014）。这可能是与我国的经济体量有关，不过这也与我国实行资本管制有关。尽管我国对国际贸易以及外商直接投资（FDI）的流入是开放的，不过跨境投资组合仍受到诸多限制。私人投资者不能以国外资产进行交易，境外投资者也不能自由进入我国的金融市场。资本管制是否存在可以用抛补利率平价是否成立来确定，即两国货币的远期汇率与即期汇率之差是否等于两国利率的差异。根据无套利条件，两者不应该出现偏离，但是资本管制可以让这一偏离持续存在。很多文献通过检验认为在岸人民币与离岸人民币收益率存在差异，这也揭示我国依然存在着很强的资本流动管制（Ma & McCauley，2008；Cappiello & Ferrucci，2008；Jeanne，2012）。

然而，我国的资本管制并非铁板一块，国内的银行可以从国际性的银行提取海外债权，国内企业以及家庭部门也能利用开放的资本账户在贸易支付以及汇款中申请提前或延期结汇。尤其是 2015 年我国央行在资本管制方面已经实行了一系列放松的举措，这将有助于人民币实现完全的可自由兑换。近几年来，我国也加快了资本账户开放的步伐（见图 3.3），不断放宽和开放合格境外机构投资者（QFII）参与我

---

① 外汇局公布 2016 年三季度我国国际收支平衡表［EB/OL］. 国家外汇管理局，2017 - 01 - 02. http：//www. gov. cn/xinwen/2017 - 01/02/content_5155248. htm#1.

国资本市场。截至 2012 年 12 月 31 日共有 169 家合格境外机构投资者累计获得 374. 43 亿美元的投资额度①；而截至 2015 年 8 月 28 日，共批准 276 家合格境外机构投资者投资额度 767. 03 亿美元②。关于资本流出方面，2012 年底，共有 107 家合格境内机构投资者（QDII）累计获得856 亿美元的证券投资额度；而 2015 年 8 月，共有 132 家合格境内机构投资者获得 899. 93 亿美元投资额度③。与此同时，人民币合格境外机构投资者（RQFII）也获得了长足发展，截至 2012 年底，我国共批准人民币合格境外机构投资者投资额度 670 亿元④，而截至 2015 年 8 月 28日，共有 138 家人民币合格境外机构投资者投资额度 4049 亿元（易纲，2015）。根据国家外汇管理局公布的数据，截至 2014 年末，境外投资者对我国境内金融机构直接投资存量 1203. 00 亿美元，而我国境内金融机构对境外直接投资存量更多，达到了 1345. 53 亿美元⑤。

　　QFII 指经中国证券监督管理委员会批准投资于中国证券市场，并取得国家外汇管理局额度批准的中国境外基金管理机构、保险公司、证券公司以及其他资产管理机构。RQFII 指经中国证监会批准，并取得国家外汇局批准的投资额度，运用来自境外的人民币资金进行境内证券投资的境外法人。QDII 指取得相关部门批准或许可开展境外证券等投资的境内机构，包括但不限于商业银行、证券公司、基金管理公司、保险机构及信托公司等。QFII 被允许把一定额度的外汇资金汇入并兑换为人民

---

① 徐绍峰."逐步实现"资本项目可兑换［EB/OL］. 中国金融新闻网，2013 – 03 – 18.
http：//www. financialnews. com. cn/yw/gd/201303/t20130318_28792. html.
②③ 徐燕燕. 研究推出相关政策以抑制短期投机套利资金出入［EB/OL］. 中证网，2015 –
10 – 14. http：//www. cs. com. cn/xwzx/hg/201510/t20151014_4815861. html.
④ 徐绍峰."逐步实现"资本项目可兑换［EB/OL］. 中国金融新闻网，2013 – 03 –
18. http：//www. financialnews. com. cn/yw/gd/201303/t20130318_28792. html.
⑤ 外汇局公布 2014 年第四季度及全年金融机构直接投资数据［EB/OL］. 外汇局网站，
2015 – 03 – 04. http：//www. gov. cn/xinwen/2015 – 03/04/content_2825397. htm.

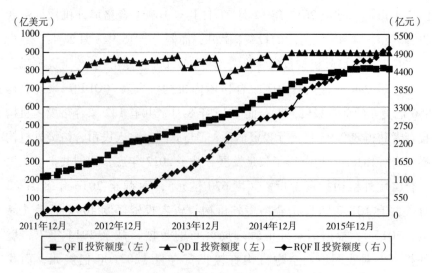

图 3.3　QFII、QDII 与 RQFII 的投资额度

资料来源：根据万德数据库整理。

币，通过专门账户投资 A 股，实际上是对外资有限度地开放。从图 3.3 可以看出，合格境外机构投资者投资额度与人民币合格境外机构投资者投资额度在样本期内逐渐上升，而人民币合格境外机构投资者投资额度上升幅度较大；相比之下，合格境内机构投资者投资额度变化不大。图 3.3 反映了我国资本流入管制与资本流出管制有较明显的非对称性，且近些年来，通过人民币合格境外机构投资者投资额度可以看出，境外机构投资者从事人民币的交易活动更加便利。随着我国资本账户逐渐放开，人民币的国际化也受到各界关注。中国是全球第一大商品出口国、第五大服务出口国，人民币则是全球第二大贸易融资货币和第五大支付结算货币①。人民币能否与前四大支付货币美元、欧元、英镑、日元一样被纳入 IMF（国际货币基金组织）特别提款权（即 SDR）的货币篮

---

① 王俊岭. 人民币拉美再添"国际范儿"［EB/OL］. 人民日报海外版，2005 – 05 – 27. http：//paper. people. com. cn/rmrbhwb/html/2015 – 05/27/content_1569721. htm.

子，也在 2015 年审议结束。一般而言，一种货币入选 SDR 通常有两大标准：一是这一货币背后的货物贸易和服务贸易的量是否足够大。中国显然在经济、金融影响力方面没有问题。另一个标准是该货币能否自由兑换使用。目前，我国在资本和金融账户方面仍存在较多限制，但是，中国正稳步朝着人民币资本项目可兑换的方向努力。环球同业银行金融电讯协会（SWIFT）数据显示，目前人民币是全球第二大贸易融资货币。2014 年，深圳合格境内投资者境外投资（QDIE）试点方案获得国家外管局同意给予首批 10 亿美元境外投资额度①。相比合格境内机构投资者，QDIE 投资范围更广，对境外投资的地域、品种、比例等均没有限制，除了证券类投资标的，还可以投资境外非上市公司股权、对冲基金及不动产。

　　不过，人民币的国际化同时也意味着人民币可能作为套息交易者的重要目标，而套息交易逆转将导致经济剧烈动荡。为了维持市场稳定、防范金融风险，同时也为了不阻碍正常的资本流动，我国长期实行了不对称的资本管制——对 FDI 几乎没有限制，而对跨境的资产组合存在严格的管制。现有文献很少对这一独特的管制体制进行过深刻分析，本章在一般均衡的框架下研究了不对称资本管制、套息交易的机会与贸易失衡之间的关系。具体而言，本章在欧金尼（2015）的基础上构建了一个有生产部门的 OLG 模型，其中，国内与国外具有相同的生产效率，且消费品可以在国家之间自由流动，但是本国对资本实行不对称的资本管制，该国居民只能把部分资本投资到国外，国外的投资者也只能有部分资本投资到国内。

　　模型的分析结果表明：首先，在一个特殊的效用函数形式下，如果当局加强资本流出管制且当国内利率高于本国居民投资到国外的收益率

---

　　①　解析 QDIE、QDLP、QFLP、QFII、QDII 之间的区别［EB/OL］. 搜狐网，2015 - 12 - 02. http：//www.sohu.com/a/45875249_348843.

时，当期本国年轻人的消费下降、储蓄上升；如果国内利率低于本国居民投资到国外的收益率且当当局放松资本流出管制时，也会出现当期本国年轻人的消费下降、储蓄上升。其次，如果国内利率高于本国居民投资到国外的收益率，存在国内货币作为投资货币、国外货币作为融资货币的套息机会，当资本流出管制强于流入管制时，本国将为顺差国；如果国内利率低于本国居民投资到国外的收益率，存在国内货币作为融资货币、国外货币作为投资货币的套息机会，当资本流出管制弱于流入管制时，本国将为逆差国。最后，相比封闭、自给自足的经济体，允许资本有管制的流动时，如果资本流入管制强于资本流出管制，则存在资本管制时均衡的利率水平大于封闭时期的利率水平，即有管制的开放资本市场将会提高利率水平；而如果开放资本市场后流出管制强于流入管制，则开放资本市场将会使利率下降。

3.2　关于资本管制的文献回顾

政府政策的有效性依赖于资本自由流动的程度，根据李嘉图等价，在完全的资本流动情况下，政府政策对国内经济及实际汇率无效。不过，当存在资本管制时，政府的政策可以产生实际影响。珍妮（Jeanne，2012）的文章试图以一种简单的方式刻画中国的资本管制，文章假设中国政府发行的债券只能由国内私人部门持有，而国外资产只有政府才能持有。在连续时间、小国、开放经济模型中，永久生存的代表性消费者对两类商品即贸易品与非贸易品有需求，由消费者预算约束、政府预算约束、利率平价条件及非贸易品的生产与消费相等的条件可以得到整个国家总的预算约束条件。而资本管制会影响此约束条件，进而影响实际汇率水平甚至贸易差额。

因为认识到突然的巨额资本流入或流出可能会使某些国家面临风

险，IMF 在 2010 年修改了其对资本管制的立场，并承认管制资本流入或许是这些国家抵挡金融危机的工具（Ostry et al.，2010）。这一政策的转变推翻了 IMF 一贯持有的立场——推崇资本自由流动。然而，作为一种政策工具，即使作为抵御金融危机的临时性举措，资本管制仍然颇受争议。例如，1998 年，为应对东南亚金融危机马来西亚实施了资本管制，这一措施曾受到市场的指责。2015 ~ 2016 年，马来西亚货币林吉特的大幅贬值也引发了外界对该国可能实施资本管制的广泛担忧。

因为资本管制常常被用来应对汇率危机，理解其相对其他政策的宏观影响也是研究的重要议题。一方面，遏制资本流入的资本管制，这会导致管制成本并在促进危机之后的经济恢复发挥一定作用；另一方面，管制的实施可以给央行实施货币政策提供操作空间。虽然央行可以保持固定汇率，但是短期内央行可以采用扩张性的货币政策以刺激产出和收益这些长期目标（Mitchener & Wandschneider，2015）。卡普兰和罗德里克（Kaplan & Rodrik，2002）通过对 1997 ~ 1998 年东南亚金融危机进行研究，发现资本流动管制相比依赖 IMF 援助可能更有利于一国的经济恢复。

虽然经济学家包括 IMF 的官员都主张顺周期的资本管制应该被更积极地使用，而且很多关于利率的文献都肯定了这些管制的实施，然而，在现实世界，发展中国家的政府一般采用国际储备作为资本流动管制的主要工具。显然，需要更好地理解国际储备在资本流动管制中的作用以及国际储备与资本管制之间的相互作用。珍妮（2016）基于一个简单的存在银行业摩擦的资本流动模型讨论了上述问题，模型以新兴经济体和全球性的银行为代表。银行易遭受折价销售风险并且受到价值损失风险约束。新兴经济体可以通过在经济好的时期积累储备并在不好的时期使用这些储备以稳定其债务的价格来转移摩擦。因为一般而言储备累积的私人激励与储备的社会收益不对等，所以珍妮（2016）认为储备的最优管理需要政府干预。资本管制在这一模型中也有一定作用，但是资本管制的作用仅局限于使代理人内在化储备积累的社会成本。珍妮（2016）与珍妮和科里内克（Jeanne & Korinek，2010）研究的区别在于，两篇文章中的金融摩擦都是由折价销售导致的市场价格变化，但是两篇文章所引申出的规范化含义却不相同。珍妮和科里内克（2010）的金融摩擦是指在发展中国家的担保约束，所以最合适的政策工具是对资本流入施加顺周期的税收，而珍妮（2016）的摩擦来自国际银行体系中的价值风险约束，所以最优的工具是储备管理而非资本管制。

资本管制指对资本流动的管制，很多学者把外汇管制当做资本管制的一个子集。尼利（Neely，1999）把"外汇管制"定义为通过对市场汇率购买和售出本币设限，以影响经常账户和资本账户的措施。正如努尔克斯（Nurkse，1944）所说，"外汇管制意味着外汇交易在中央控制之下，且外汇交易可以被官方审查，如果发现资本转移行为，则该行为会被当局拒绝。"米切纳和旺德施奈德（Mitchener & Wandschneider，2015）研究了 20 世纪 30 年代资本管制（外汇管制），他们认为尽管资本管制为阻止资本外流提供了一种便捷的工具，但是与自由浮动的汇率体制相比资本管制并无太多优势，且资本管制实施后可能妨碍经济复苏，因为实施资本管制的国家在放弃金本位制后没有积极采取扩张性的货币政策。实行外汇管制国家的平均货币供给增长率在其实行资本管制后为正，但是，货币供给增长率低于实行浮动汇率制或最终放弃金本位制的国家。

资本管制对经济恢复的收益和成本的比较可以通过经验研究很容易地看出。1929 年之后，通货膨胀在全球蔓延，当产出和收入下降时，很多国家发现保持盯住的汇率越来越困难。到 20 世纪 30 年代中期，很多国家都放弃了金汇兑本位制，并转向其他的汇率安排，包括实行汇率管制。不过，放弃金本位也是一种偶然的行为，一些跟随英格兰的国家在1931 年与黄金脱钩，其他稳定挂钩黄金的国家也在 1933 年做出类似行为（Eichengreen，1992；Kindleberger，1986）。其中一些国家选择以较低的汇率与某些货币（如英镑）重新挂钩，其他国家选择浮动汇率，也有很多国家实施了外汇管制以使经济免受短期资本流动以及收支失衡压力的影响。

资本管制和宏观审慎管制是当经济面临金融外部性时，当局一贯实施的两种政策。这两种政策的主要区别在于，资本管制割裂了国内和国际金融市场，因为这种割裂，国际上的贷方和国内的代理人面临不同的有效利率。宏观审慎政策单独约束了国内代理人的借款行为，而这一政策割裂了借方和所有类型的贷方，无论信用是由国内贷方还是国外贷方所提供，结果是经济中的借方和贷方面临不同的有效利率。科里内克和山德里（Korinek & Sandri，2016）在一个小型开放经济、借款方面临担保约束的模型中，分析了资本管制与宏观审慎政策这两种政策是等同还是近似替代，抑或是两者基于特定背景的不同而具有各自的比较优势。与现有文献的主要区别在于，他们假设借方可以从国内（如国内储蓄者）或者国际贷方获得信用。国内和国际借贷资源的主要区别在于当借方去杠杆化的时候，偿还给国内贷方仍然发生在国内经济中，并促进了国内的总需求，但是偿还给国际贷方却降低了国内的总需求，并导致资本流出、汇率贬值。汇率水平之所以重要是因为它决定了国外贷方对国内担保的重视程度。当借方面临紧的担保约束时，贬值降低了担保物的价值，并引起汇率进一步贬值。越来越多的文献认为骤停（sudden stops）和金融增大效应（financial amplification）这些动态引起了过度借贷，因为私人行为人并没有内部化他们共同的行为，而正是这些行为导致汇率下降及突然停滞。科里内克和山德里（2016）认为如果一个新兴经济体容易遭受骤停，那么资本管制和宏观审慎管制两种政策都是合宜的。不过，宏观审慎政策通常在降低金融债务的数量和风险上发挥作用；而资本管制主要目的是通过减少净流入增加经济的总净值。

宋等（2014）拓展了他们在 2011 年（Song et al.，2011）的模型，在中国经济转型的框架下，通过在金融市场引入一系列的管制，如利率、跨境资本投资以及汇率管制，研究了资本管制与利率及汇率管制对工资、产出以及贸易顺差的影响。在他们小型、半开放经济的模型中，消费者消费由两种企业生产的两种商品，其中一种类型的企业具有较高的绩效水平，但该类型的企业面临信用约束；而另一种类型的企业效率较低但较易获得外部融资。由于资本管制，国内的储户、企业以及银行都不能参与到国际借贷；另外，国外的投资者也不能持有国内资产。贸易失衡的条件下，只有政府相对其他国家持有债权或债务。

除了对资本管制进行分析，还有很多文献从理论和实证两方面对资本账户开放的影响进行研究。克莱因（Klein，2005）构建了存在两种资本类型的新古典增长模型，研究了资本账户开放对经济增长的影响。该文把制度质量作为一个重要的变量，这一变量表示投资者在多大程度上可以免除资本被征用的风险，因此，该变量会影响到国内储蓄转化为投资的程度以及国外投资者投资于国内经济时所要求的溢价水平。他认为经济增长（对资本账户开放的反应）与制度质量之间存在倒 U 形关系。当制度质量处于中间水平时，资本账户开放对经济增长的影响最大。因为在具有较差制度的国家，国内与国外的投资者面临的资本被征用风险较高，所以该国并不能从开放资本市场中获得太多好处。类似地，在具有较好制度的国家，因资本账户开放所获得的边际收益可能并不大于具有中等质量制度的国家开放资本账户所获得的边际收益。克莱因（2005）也利用 71 个国家的面板数据对上述结果进行了检验。

资本市场开放对投资环境也会产生直接影响，也有文献从这一角度进行研究。古林卡斯和珍妮（Gourinchas & Jeanne，2002）构建了一个模型，以刻画资本账户开放、产权与经济发展之间的关系。在一个生产同质商品的小型开放经济模型中，投资者有两种选择：投资于正式部门或者非正式部门。在正式部门中，资本更有效率，但会被抽税或者被征收；而非正式部门因为产出不易观测，假设在这一部门资本可以被免于抽税或征收。在资本市场未开放情况下，因为存在时间不一致性问题，可能导致正式部门没有投资，而通过开放资本账户，投资者可以规避被征用的风险，从而确保投资流向有效率的正式部门。古林卡斯和珍妮（2002）说明资本账户开放可以营造一个对投资者友好的环境，所以即使没有资本流入，开放资本账户仍然能提高国内生产率；另外，如果投资者拥有清算权，即使资本投入之后无法变现，开放资本账户仍然有利。

　　除了对实体经济产生影响，资本管制也会影响到热钱流动及外汇储备。张勇（2015）通过建立包含资本管制和央行资产负债表的新凯恩斯DSGE 模型，研究了热钱流入、汇率干预、货币发行、外汇储备累积以及供给扩张之间的关系。他发现资本管制是汇率干预的基础，在需求约束型发展阶段，尽管汇率干预对我国需求扩张起到了关键作用，但也导致了热钱大量流入和外汇储备的过度积累。因为热钱的流入会使人民币在短期内的贬值幅度比没有考虑热钱时的模型低，所以经常项目的盈余也相对较低。然而，热钱流入压低了国内的利率水平，这导致利率下降引致的国内需求增加将完全抵消人民币实际汇率短期内的较小贬值导致的外部需求降低，所以热钱流入并不能削弱汇率干预的政策效果。张勇（2015）的创新之处在于把"通过虚假贸易规避小国资本管制的短期套利资金"定义为热钱，并把其引入模型，假设由于资本管制，国外资本只能在经常项目下通过虚假贸易规避小国的资本管制，合法结售汇并在市场上买卖小国债券套利。而资本管制的参数与热钱流入的数量直接相关，管制强度越弱，在其他条件不变的情况下，热钱流入的数量越多。

　　在对资本管制进行刻画方面，同许多文献一样，王彬（2015）按照易纲和范敏（1997）的研究思路，把资本管制参数引入"修正"的利率平价公式，管制参数越大，说明开放程度越高、资本管制强度越小；参数为 1 时表示资本完全自由流动，此时利率平价关系成立。上述文献都在不同程度上研究了资本管制，对理解我国的贸易失衡以及经济发展过程中出现的问题有重要意义，但是上述文献都未考虑资本管制可能是非对称的情况。本章在参考以往相关研究的基础上，从理论上分析了资本管制的不对称性以及套息交易的机会对资本流动以及贸易差额的影响。而考虑到很多时候资本管制都是在数量上对流入或流出的资本进行限制，所以本章直接设定流入、流出的管制参数以对其影响进行分析。

3.3　资本管制基准模型

本章构建了一个关于中国经济的理论模型，以考察不对称资本管制对我国经济的影响。我国存在一定程度的资本管制是学界和业界的普遍共识，但是鲜有文献从理论上探讨资本流入管制和流出管制的不对称性所造成的可能影响。本章模型的构建主要基于欧金尼（2015）。假设存在两个国家，消费者除了可以在国内进行正常储蓄外，还可以把一定的资产投资到国外，但投资到国外的资本额度受到限制。这一限制主要来自其中一个国家实施的资本管制。

设第 1 个国家实行资本管制，而第 2 个国家没有实行资本管制。所以，两个国家的利率可能不同。第 2 个国家的利率等于世界利率，而第 1 个国家的利率水平可以不同于世界利率。代表性行为人只活两期，在每一期均有新的一代人出生。人口规模的增长遵循 $L_{it} = L_{i0}(1 + n)^t$。其中，$i = 1$ 或 2；n 为人口增长率；L_{i0} 为在 0 期出生于第 i 个国家的年轻一代人。

假设第 1 个国家的消费者可以投资于国外资产的额度为 $\tau_1 s_1$，τ_1 表示国家 1 的资本流出管制强度，τ_1 越小表示资本流出管制程度越大。第 2 个国家的消费者可以投资于第 1 个国家的资产额度为 $\tau_2 s_1$，τ_2 表示国家 1 的资本流入管制强度，τ_2 越小表示资本流入管制程度越大。s_1 为第 1 个国家的储蓄。另外，假设受到管制的资本流入或流出远远小于资本完全自由流动时候的资本流入或流出。没有这一假设，资本的双向流动可能大到使非抛补利率平价成立，这时资本管制将没有政策意义。因为国外没有资本管制，所以如果国内也没有资本管制，那么，国内利率与世界利率一致。最后，假设消费品可以在国际市场上无成本地进行交易。

3.3.1　企业

假设竞争性企业使用资本 K 和劳动 L 两种要素生产消费品。国内的企业具有相同的技术，且该技术不随时间改变，则代表性企业的生产函数为：

$$Y_{i,t} = F(K_{i,t}, L_{i,t}) \tag{3.1}$$

国内的企业只在国内市场上雇用劳动力。给定 t 期的劳动量，集约型生产函数形式为：$y_{i,t} = f(k_{i,t})$。函数 f 为凹函数且随 $k_{i,t}$ 严格递增。资本折旧率 δ 为常数且 $0 \leqslant \delta \leqslant 1$。此外，本章还假设以下边界条件成立：

$$\lim_{k_{i,t} \to +\infty} f'(k_{i,t}) = 0 , \lim_{k_{i,t} \to 0} f'(k_{i,t}) = +\infty$$

在初始生产之后，两国经济体开始自由地进行商品贸易。本国原始的资本水平为 $k_{1,0}$。从第一期开始，本国企业对资本的需求由本国消费者在国内的储蓄以及从国外流入的资本量满足，供求关系决定了本国的人均资本量及利率水平。因为本国存在资本管制，该利率水平可能与世界利率水平并不一致。本国企业面临的最大化问题可以表示为：

$$\max_{k_{1,t}} \pi_{1,t} = f(k_{1,t}) - (r_{1,t} + \delta)k_{1,t} - w_{1,t}, \quad t \geqslant 1 \tag{3.2}$$

最大化问题的充要条件为：

$$r_{1,t} = f'(k_{1,t}) - \delta \tag{3.3}$$

$$w_{1,t} = f(k_{1,t}) - f'(k_{1,t})k_{1,t} \tag{3.4}$$

式（3.3）说明利率等于资本的边际产品与折旧之差。其中，$k_{1,t}$ 表示本国在 t 期单位劳动的资本水平。式（3.4）表明 t 期的工资等于劳动的边际产品价值。值得注意的是，式（3.4）的工资以国内商品的单位表示。而因为消费者同时消费国内和国外的两种商品，汇率变化虽然并未影响工资水平，但可能通过消费品的组合影响到实际工资水平。

3.3.2　消费者的问题

消费者只活两期，第一期工作获得收入并把部分收入用来储蓄。此外，消费者的储蓄中还有一部分可以投资到国外；在下一期，投资到国外的部分获得与世界利率水平相等的利息。消费者在其生存的每一期都要消费两种商品——国内生产的商品和从国外进口的商品，并从两期的消费中获得效用。同一代消费者的偏好是稳定的，而且不同代际、不同国家的消费者具有相同的偏好。效用函数随消费递增、严格凹且是加性可分的，所以代表性消费者的效用函数为：

$$U(c(c_{i,t}^t, c_{i,t}^{tf}), c(c_{i,t+1}^t, c_{i,t+1}^{tf})) = u(c(c_{i,t}^t, c_{i,t}^{tf})) + \beta v(c(c_{i,t+1}^t, c_{i,t+1}^{tf}))$$

$$(3.5)$$

其中，$c_{i,t}^t$ 代表第 i 国年轻消费者在 t 期消费的国内商品的数量，$c_{i,t}^{tf}$ 表示第 i 国年轻消费者在 t 期消费的国外商品的数量，$c_{i,t+1}^t$ 表示 t 期出生的消费者（$t+1$ 期的老年人）在 $t+1$ 期消费的国内商品的数量，$c_{i,t+1}^{tf}$ 表示 t 期出生的消费者在 $t+1$ 期消费的国外商品的数量，β 为贴现因子。同时，效用函数满足边界条件：$\lim\limits_{c_{i,t}^t \to 0} \partial u/\partial c_{i,t}^t = +\infty$，$\lim\limits_{c_{i,t}^t \to 0} \partial u/\partial c_{i,t}^{tf} = +\infty$，$\lim\limits_{c_{i,t}^t \to 0} \partial u/\partial c_{i,t+1}^t = +\infty$ 及 $\lim\limits_{c_{i,t}^t \to 0} \partial u/\partial c_{i,t+1}^{tf} = +\infty$。

因为本章主要研究不对称资本管制的影响，所以重点以本国为例进行说明，进而以国内的均衡问题为例进行分析。国内的年轻人通过工作获得

工资 $w_{1,t}$，而 $s_{1,t}$ 为本国年轻人在 t 期的储蓄。其中，$(1-\tau_1)$ 部分的储蓄存到国内的银行，τ_1 部分的储蓄流到国外，所以本国消费者的预算约束为：

$$c_{1,t}^t + e_t c_{1,t}^{tf} = w_{1,t} - s_{1,t} = w_{1,t} - (1-\tau_1)s_{1,t} - \tau_1 s_{1,t} \qquad (3.6)$$

$$c_{1,t+1}^t + e_{t+1} c_{1,t+1}^{tf} = (1-\tau_1)s_{1,t}(1+r_{1,t+1}) + \tau_1 s_{1,t} \frac{e_{t+1}}{e_t}(1+r_{w,t+1})$$

$$(3.7)$$

在本章的模型中，本国的消费者可以把比例为 τ_1 的储蓄存到国外，所以，从国内流出的资本量为 $\tau_1 s_{1,t}$。国外的消费者也能把部分资本投资到本国，假设数额为 $\tau_2 s_{1,t}$ 的资本流入国内，以正负表示资本的流动方向，流出为正向，流入为负向，则 τ_1 为正，τ_2 为负。值得指出的是，本章并未设定资本流入管制为外国储蓄的函数，因为本国实行资本管制，所以在资本流入管制方面本国也设定了与本国的储蓄相符合的数额，即为国内储蓄的函数，而不是国外储蓄的函数。投资于国内的部分储蓄所获收益率对应国内利率水平 r_1，而投资于国外的部分储蓄所获收益率为世界利率水平 r_w。如果国内实行较强的资本管制，τ_1 和 τ_2 的绝对值都很小。如果 τ_2 的绝对值大于 τ_1 的绝对值，说明对资本流出的管制强于对资本流入的管制，反之则相反。e_t 表示 t 期的汇率水平，代表 1 单位外币可以购买到的本国货币量。本国是借方还是贷方由模型均衡解决定。

3.3.3 资本管制与消费及储蓄水平——基于特殊效用函数形式

由以上分析可知，代表性消费者在式（3.6）和式（3.7）的预算约束下，选择储蓄水平以最大化效用函数式（3.5）。假设第 1 个国家消费者的效用函数具有如下形式：

$$U_{1,t} = \frac{1}{1-\gamma} \left[(1-\alpha) c_{1,t}^{t\phi} + \alpha c_{1,t}^{tf\phi} \right]^{\frac{1-\gamma}{\phi}} + \beta \frac{1}{1-\gamma} \left[(1-\alpha) c_{1,t+1}^{t\phi} + \alpha c_{1,t+1}^{tf\phi} \right]^{\frac{1-\gamma}{\phi}}$$

$$(3.8)$$

其中，β 为贴现因子；$\frac{1}{\gamma}$ 为消费的跨期替代弹性；$\frac{1}{1-\phi}$ 为国内（对第 1

个国家的消费者而言）商品与国外商品的替代弹性，且满足 $\frac{1}{1-\phi} \geq 0$；

$\alpha \in (0, 1)$ 为消费的国外商品的权重。由式（3.6）和式（3.7）得到

消费者一生的预算约束：

$$w_{1,t} = c_{1,t}^{t} + e_t c_{1,t}^{tf} + \frac{c_{1,t+1}^{t} + e_{t+1} c_{1,t+1}^{tf}}{(1-\tau_1)(1+r_{1,t+1}) + \tau_1 \frac{e_{t+1}}{e_t}(1+r_{2,t+1})}$$

$$(3.9)$$

所以，得到一阶条件：

$$c_{1,t}^{t} = \left[\frac{\alpha}{e_t(1-\alpha)} \right]^{\frac{1}{\phi-1}} c_{1,t}^{tf}$$

$$c_{1,t+1}^{t} = \left[\frac{\alpha}{e_{t+1}(1-\alpha)} \right]^{\frac{1}{\phi-1}} c_{1,t+1}^{tf}$$

以及消费国外商品的欧拉方程：

$$\frac{c_{1,t+1}^{tf}}{c_{1,t}^{tf}} = (A\beta)^{\frac{1}{1-\phi}}$$

其中，$A = (1-\tau_1)(1+r_{1,t+1}) + \tau_1 \frac{e_{t+1}}{e_t}(1+r_{2,t+1})$。所以，可知欧拉方程

受到汇率变动的影响。如果 $e_{t+1} = e_t$，可不考虑汇率变化的影响；其他

条件不变，如果 $e_{t+1} \neq e_t$，那么应该考虑汇率变化的情形。把一阶条件

和欧拉方程代入式（3.9）可得消费的表达式：

$$c_{1,t}^{tf} = \frac{\left[\dfrac{\alpha}{e_t(1-\alpha)}\right]^{\frac{1}{\phi-1}}}{\left(\left(\dfrac{\alpha}{e_t(1-\alpha)}\right)^{\frac{1}{\phi-1}} + e_t\right) + \left(\left(\dfrac{\alpha}{e_{t+1}(1-\alpha)}\right)^{\frac{1}{\phi-1}} + e_{t+1}\right)(A\beta)^{\frac{1}{1-\phi}}} w_{1,t}$$

$$(3.10)$$

$$c_{1,t}^{t} = \frac{1}{\left(\left(\dfrac{\alpha}{e_t(1-\alpha)}\right)^{\frac{1}{\phi-1}} + e_t\right) + \left(\left(\dfrac{\alpha}{e_{t+1}(1-\alpha)}\right)^{\frac{1}{\phi-1}} + e_{t+1}\right)(A\beta)^{\frac{1}{1-\phi}}} w_{1,t}$$

$$(3.11)$$

进而可得本国消费者的储蓄：

$$s_{1,t} = w_{1,t} - \frac{\left(\dfrac{\alpha}{e_t(1-\alpha)}\right)^{\frac{1}{\phi-1}} + e_t}{\left(\left(\dfrac{\alpha}{e_t(1-\alpha)}\right)^{\frac{1}{\phi-1}} + e_t\right) + \left(\left(\dfrac{\alpha}{e_{t+1}(1-\alpha)}\right)^{\frac{1}{\phi-1}} + e_{t+1}\right)(A\beta)^{\frac{1}{1-\phi}}} w_{1,t}$$

$$(3.12)$$

因为 $A = (1 + r_{1,t+1}) + \tau_1\left(\dfrac{e_{t+1}}{e_t}(1 + r_{2,t+1}) - (1 + r_{1,t+1})\right)$，所以当 $1 + r_{1,t+1} > \dfrac{e_{t+1}}{e_t}(1 + r_{2,t+1})$ 时，若资本流出管制放松，τ_1 上升，则 A 下降，t 期出生的消费者在 t 期对国内商品的需求上升，对国外商品的需求也上升；而在 $t+1$ 期对国内商品的需求下降，对国外商品的需求也下降。不过，如果 τ_1 上升到足以使利率平价关系成立（资本自由流动），资本流出管制的设定将没有意义，τ_1 也不会产生实际影响。资本管制的程度也会引起利率水平和汇率水平的变化，但考虑到现实中我国的利率及汇率还存在一定程度的管制，一方面，我国的资本管制与汇率管制有着密切关系；另一方面，虽然我国对金融机构的贷款利率管制于 2013 年全面放开，存款利率浮动范围在 2014 年也有所扩大，但是离利率的完全市场化还有一段距离。所以，这里并没有考虑流出管制水平对利率或汇率的影响。

上述分析表明，资本管制的强度对消费及储蓄的影响受到利率平价是否成立的影响。只有在利率平价成立的时候，资本流出管制强度的变化才对储蓄和消费没有影响；如果利率平价关系不成立，资本流出管制强度的放松或下降将会改变当期年轻人的消费及储蓄水平，并会对这些消费者年老时候的需求产生影响。因为流入管制强度参数并未进入消费或储蓄函数，所以在这一效用函数形式下，资本流入管制强度对本国的消费或储蓄没有影响。但是，流入管制强度以及流出管制强度可能影响利率水平，这将在下文加以分析。

3.3.4 国内均衡

给定 $(\tau_1, \tau_2, k_{1,0}, r_{2,t})$，$\{k_{1,t}^*\}_{t \geq 1}$ 为国内竞争性均衡资本存量序列，$\{c_{1,t}^{t*}, c_{1,t}^{tf*}, c_{1,t+1}^{t*}, c_{1,t+1}^{tf*}\}_{t \geq 0}$ 为消费序列，$\{r_{1,t}^*, w_{1,t}^*\}_{t \geq 1}$ 为要素价格序列。以下条件成立时，国内市场达到均衡：

(1) $\{c_{1,t}^{t*}, c_{1,t}^{tf*}, c_{1,t+1}^{t*}, c_{1,t+1}^{tf*}\}_{t \geq 0}$ 在预算约束下最大化消费者效用函数；

(2) $\{k_{1,t}^*\}_{t \geq 1}$ 最大化企业的利润函数；

(3) 国内资本市场出清条件：$(1 - \tau_1)L_{1,t}s_{1,t}^* + (-\tau_2)L_{1,t}s_{1,t}^* = K_{1,t+1}^*$；

(4) 国内商品市场出清条件：

$$F(K_{1,t}^*, L_{1,t}) + (1 - \delta)K_{1,t}^* = L_{1,t}c_{1,t}^{t*} + e_t L_{1,t}c_{1,t}^{tf*} + L_{1,t-1}c_{1,t}^{t-1*} +$$
$$e_t L_{1,t-1}c_{1,t}^{t-1f*} + K_{1,t+1}^* + TB_{1,t}^* \quad (3.13)$$

其中，e_t 表示在 t 期 1 单位世界货币可以兑换的本国货币的价值，$TB_{1,t}$ 表示第 t 期本国的净出口。资本市场的出清条件（3）说明，国内的投资水平等于国内消费者的储蓄与来自国外的投资流入之和。商品市场的出清条件（4）说明，当期产出以及剔除折旧之后所有可用的资源等于当期年轻的一代和年老的一代的消费及当期的净出口之和。

3.4　贸易失衡与动态资本流动

本章将在上述模型的基础上分析资本流动的方向以及本国的贸易差额。首先分析经济中的资本积累。当本国的资本供给等于本国的资本需求时，本国的资本市场达到均衡。$t \geq 0$ 各期，本国的资本市场出清，此时 $L_{1,t}[(1 - \tau_1)s_{1,t}^* - \tau_2 s_{1,t}^*] = K_{1,t+1}^*$。再分别除以总的劳动供给 $L_{1,t}$，则可以得到：

$$(1 + n)k_{1,t+1}^* = (1 - \tau_1)s_{1,t}^* - \tau_2 s_{1,t}^* \tag{3.14}$$

式（3.14）说明在 t 期，本国的人均资本存量取决于本国的储蓄和资本流出管制强度 τ_1，以及资本流入管制强度 τ_2。相应地，第 2 个国家的人均资本存量取决于第 1 个国家的储蓄、第 2 个国家的储蓄以及资本管制强度 τ_1 和 τ_2。因为本国的消费者把 τ_1 部分的储蓄投资到国外，所以只有 $(1 - \tau_1)$ 部分的本国储蓄能够转化为本国的投资。另外，因为国内存在资本流入管制，国外的投资者只能把 $\tau_2 s_{1,t}$ 部分的资本投资到国内，所以有式（3.14）成立。τ_1 为正，τ_2 为负。其中，$s_{1,t}^* = s_1(f(k_{1,t}^*) - f'(k_{1,t}^*)k_{1,t}^*, f'(k_{1,t}^*), \tau_1)$。

引理 1：（1）给定 $k_{1,0} > 0$，因为资本管制下 τ_1 和 τ_2 绝对值较小，在此假设 $\tau_1 + \tau_2 < 1$。如果 $1 + r_{1,t+1} < \dfrac{e_{t+1}}{e_t}(1 + r_{2,t+1})$，且 $\tau_1 > \bar{\tau}_1(k_{1,0})$；如果 $1 + r_{1,t+1} > \dfrac{e_{t+1}}{e_t}(1 + r_{2,t+1})$，且 $\tau_1 < \bar{\tau}_1(k_{1,0})$，则跨期均衡存在。

（2）如果 $\lim_{k_{1,t} \to 0} \dfrac{\phi(k_{1,t}; \tau_1, \tau_2)}{k_{1,t}} > 1$，那么至少存在一个稳态点。其中，$\phi(k_{1,t}; \tau_1, \tau_2)$ 为 $k_{1,t+1}$ 的函数形式。

证明：（1）定义 $g_1(k_{1,t+1};k_{1,t},\tau_1,\tau_2) = (1+n)k_{1,t+1} - (1-\tau_1 - \tau_2)s_{1,t}$。希望给定 $k_{1,t} > 0$，$k_{1,t+1} > 0$ 存在，使 $g_1(k_{1,t+1};k_{1,t},\tau_1,\tau_2) = 0$。为做到这点，需要考察当 $k_{1,t+1}$ 分别趋向于无穷或者 0 时 $g_1(k_{1,t+1};k_{1,t},\tau_1,\tau_2)$ 的符号。根据已知条件，储蓄不能超过工资收入，所以当 $k_{1,t+1}$ 趋向于无穷大时，$g_1(k_{1,t+1};k_{1,t},\tau_1,\tau_2)$ 为正，即 $\lim\limits_{k_{1,t+1}\to +\infty} g(k_{1,t+1};k_{1,t},\tau_1,\tau_2) = +\infty$。

因此，为保证 $k_{1,t+1} > 0$ 存在，需要 $\lim\limits_{k_{1,t+1}\to 0} g(k_{1,t+1};k_{1,t},\tau_1,\tau_2) < 0$。而又因为 $\tau_1 + \tau_2 < 1$，若储蓄 $s_{1,t} > 0$，则可以保证均衡存在，因为只有正的储蓄才能保证消费为正。

如果 $1 + r_{1,t+1} < \dfrac{e_{t+1}}{e_t}(1+r_{2,t+1})$，则有 $\dfrac{ds_{1,t}}{d\tau_1} > 0$。设 $\overline{\tau}_1(k_{1,0})$ 为当储蓄为 0 时本国的资本流出管制强度，此时取 $\tau_1 > \overline{\tau}_1(k_{1,0})$，则可以保证储蓄为正。

如果 $1 + r_{1,t+1} > \dfrac{e_{t+1}}{e_t}(1+r_{2,t+1})$，则有 $\dfrac{ds_{1,t}}{d\tau_1} < 0$。设 $\overline{\tau}_1(k_{1,0})$ 为当储蓄为 0 时本国的资本流出管制强度，此时取 $\tau_1 < \overline{\tau}_1(k_{1,0})$，则可以保证储蓄为正。

当 $1 + r_{1,t+1} = \dfrac{e_{t+1}}{e_t}(1+r_{2,t+1})$ 时，有 $\dfrac{ds_{1,t}}{d\tau_1} = 0$。此时利率平价理论成立，这种情况一般只有在不存在资本管制的情况才会发生，所以本章主要关注上述两种情形。

假设储蓄对利率的导数为正，所以有：

$$g_1'(k_{1,t+1}) = 1 + n - (1-\tau_1-\tau_2)\frac{\partial s_{1,t}}{\partial r_{1,t+1}}f''(k_{1,t+1}) > 0, \forall k_{1,t+1}$$

导数为正可以保证均衡的唯一性。因此 $k_{1,t+1}$ 可以写作：$k_{1,t+1} = \phi(k_{1,t};\tau_1,\tau_2)$。

（2）因为储蓄轨迹随当期人均资本存量增长，假设 $\lim_{k_{1,t}\to 0}$ $\frac{\phi(k_{1,t};\tau_1,\tau_2)}{k_{1,t}} > 1$，为使储蓄轨迹至少与 45 度线自上而下交叉一次，需要证明 $\lim_{k_{1,t}\to +\infty}\frac{\phi(k_{1,t};\tau_1,\tau_2)}{k_{1,t}} < 1$。因为储蓄最大不能超过工资收入，否则消费将为 0，所以有 $(1+n)k_{1,t+1} = (1-\tau_1-\tau_2)s_{1,t} \leqslant (1-\tau_1-\tau_2)w_{1,t}$。不等式两边同时除以 $(1+n)k_{1,t}$，则有：

$$\lim_{k_{1,t}\to +\infty}\frac{\phi(k_{1,t};\tau_1,\tau_2)}{k_{1,t}} \leqslant \frac{1}{1+n}\lim_{k_{1,t}\to +\infty}(1-\tau_1-\tau_2)^*$$
$$\left[\frac{f(k_{1,t})}{k_{1,t}} - f'(k_{1,t})\right] = 0 < 1$$

即证至少存在一个局部稳态点。

引理 1 的第一条结论说明如果本国的储蓄在初始时期为正时，那么均衡路径存在。而当资本流出管制强度满足一定条件时可以保证储蓄为正。假设本国的利率较高，如果下一期本国货币的贬值并不能抵消本币与外币的利率差或者甚至出现本币升值，此时较严格的资本流出管制可以保证储蓄为正；如果投资国外货币的收益率高于投资本国货币的收益率，本国实行较宽松的资本流出管制可以保证储蓄为正。之所以出现这种情况，是因为本章设定资本管制情况下流出国外的资本量与国内的总储蓄相关。如果存在国外货币作为投资货币的套息机会，此时较宽松的资本流出管制使本国消费者面临更大的高收益资产的选择空间，所以本国消费者会节约当期消费并增加储蓄。引理 1 的第二条结论说明存在收敛到稳态的路径。这一点很重要，因为接下来本章会重点关注稳态附近的经济行为。

3.4.1 资本流向

资本管制是为引导资本流向而对资本流动施加人为的限制，因此会显著影响资本流动的方向。给定市场均衡条件，可以知道本国是资本流入国还是资本流出国。

定义1：t 期末，本国人均的净外汇资产为：$a_{1,t+1} = \dfrac{s_{1,t}}{1+n} - k_{1,t+1}$。外汇资产为正，说明该国为资本输出国；外汇资产为负，说明该国为资本输入国。

命题1：$t \geq 1$ 的各期，本国为资本的净贷方还是净借方取决于资本流入和资本流出管制强度的相对大小。当流入管制强于流出管制时，本国为资本净流出国；当流出管制强于流入管制时，该国为资本净流入国。

证明：把本国资本市场出清的条件带入定义1，则在均衡时，本国的净外汇资产为 $a_{1,t+1}^* = \dfrac{(\tau_1 + \tau_2)s_{1,t}^*}{1+n}$。

因为消费者的各期消费均为正，所以消费者的储蓄应该为正，进而可以按照资本管制的情况分三种情况进行讨论。

当 $\tau_1 + \tau_2 > 0$ 时，以本国币值表示的外汇资产 $a_{1,t+1}^* > 0 (\forall t \geq 1)$，此时本国为资本净流出国（贷方）。而又因为 τ_1 为正，τ_2 为负，所以 $\tau_1 + \tau_2 > 0$ 意味着对资本流入的管制强度大于对资本流出的管制强度。所以可以说如果当局对资本流入的管制强度大于对资本流出的管制强度，那么本国为资本输出国（贷方）。

当 $\tau_1 + \tau_2 < 0$ 时，以本国币值表示的外汇资产 $a_{1,t+1}^* < 0 (\forall t \geq 1)$，此时本国为资本净流入国（借方）。而又因为 τ_1 为正，τ_2 为负，所以 $\tau_1 + \tau_2 < 0$ 意味着对资本流出的管制强度大于对资本流入的管制强度。所以可以说如果当局对资本流入的管制强度小于对资本流出的管制强度时，本国为资本输入国（借方）。

当 $\tau_1 + \tau_2 = 0$ 时，意味着对资本流出的管制强度与对资本流入的管制强度相等，此时本国的外汇净资产为0。

以上三种情况很容易理解，一旦资本流入管制弱于资本流出管制，则流入的资本要多于流出的资本；反之，则流出的资本多于流入的资本。结合我国的现实情况，长久以来，我国都限制国外资本对金融市场的投资行为，但对 FDI 却采取了积极宽松的政策，所以我国的外汇资产一直处于盈余状态。近年来，通过掉期、QFII、RQFII 以及 QDII，套利交易者有很丰富的工具可供选择，政府部门通过调整额度加强或者放松资本的流入、流出，这些政策对本国是资本的贷方还是借方产生了深刻影响。

3.4.2　贸易差额

因为消费者消费的商品既有国内生产的商品又有从国外进口的商品，而商品流动必然涉及国际贸易的进出口，所以贸易差额也是一个很重要的研究内容。研究政府部门设定的资本流入和流出管制对贸易差额的影响，对了解我国的经常账户变化具有一定启示。与欧金尼（2015）的文章类似，本章也把贸易差额定义为以本币表示的商品超额供给的价值。

定义 2：本国的人均贸易差额为：

$$tb_{1,t} \equiv f(k_{1,t}) + (1 - \delta)k_{1,t} - c_{1,t}^t - e_t c_{1,t}^{tf} - \frac{c_{1,t}^{t-1}}{1+n} - \frac{e_t c_{1,t}^{t-1f}}{1+n} - (1+n)k_{1,t+1}$$

$$(3.15)$$

式（3.15）说明本国的贸易差额等于当期的产出以及折旧后的资本存量扣除对下一期的投资及国内居民的消费之后的余额。国内居民的消费既包括当期年轻消费者对本国商品及国外商品的需求，也包括当期年老的消费者对本国商品及国外商品的需求。如果均衡时 $tb_{1,t}^* > 0$，则可以记本国为净出口国；反之，则为净进口国。因为不存在政府购买，如果令折旧率为 1，则定义 2 可以看作贸易差额等于产出减去当期消费及投资之后的差额。

因为均衡时 $f(k_{1,t}) = w_{1,t} + (r_{1,t} + \delta)k_{1,t}$，所以有下式成立：

$$tb_{1,t} \equiv w_{1,t} + (r_{1,t} + \delta)k_{1,t} + (1-\delta)k_{1,t} - c_{1,t}^t - e_t c_{1,t}^{tf} -$$

$$\frac{c_{1,t}^{t-1}}{1+n} - \frac{e_t c_{1,t}^{t-1f}}{1+n} - (1+n)k_{1,t+1} \tag{3.16}$$

随后，利用 t 期的年轻人和老年人的预算约束及式（3.14）可以化简式（3.16）得到：

$$tb_{1,t} = (\tau_1 + \tau_2)s_{1,t} - \left(\frac{1+r_{1,t}}{1+n}\tau_2 + \frac{(e_t/e_{t-1})(1+r_{2,t})}{1+n}\tau_1\right)s_{1,t-1}$$

$$\tag{3.17}$$

因为本章重点关注资本管制的非对称性对经济的影响，所以不妨设人口增长率 $n=0$，此时贸易差额可以表示为：

$$tb_{1,t} = (\tau_1 + \tau_2)s_{1,t} - [(1+r_{1,t})\tau_2 + (e_t/e_{t-1})(1+r_{2,t})\tau_1]s_{1,t-1}$$

$$\tag{3.18}$$

式（3.18）说明贸易差额不仅与 t 期及 $t-1$ 期的储蓄有关，还与资本流入管制和流出管制的相对强度以及套息机会是否存在有关。所以，有命题 2。

命题 2：不考虑人口增长率，稳态时的贸易差额有以下几种情况。

如果 $1+r_{1,t} \neq \frac{e_t}{e_{t-1}}(1+r_{2,t})$，本国的贸易差额取决于资本流入管制和流出管制的相对强度。具体而言，（1）如果 $1+r_{1,t} > \frac{e_t}{e_{t-1}}(1+r_{2,t})$，此时国内利率高于本国居民投资到国外的收益率，存在国内货币作为投资货币、国外货币作为融资货币的套息机会，当资本流出管制强于流入管制（$\tau_1 + \tau_2 \leq 0$）时，本国的贸易差额为正。（2）如果 $1+r_{1,t} < \frac{e_t}{e_{t-1}}(1+$

$r_{2,t}$），此时国内利率低于本国居民投资到国外的收益率，存在国内货币作为融资货币、国外货币作为投资货币的套息机会，当资本流出管制弱于流入管制（ $\tau_1 + \tau_2 \geqslant 0$ ）时，本国将为逆差国。(3) 如果 $1 + r_{1,t} = \dfrac{e_t}{e_{t-1}}(1 + r_{2,t})$ ，当资本流入管制强度与流出管制一致（ $\tau_1 + \tau_2 = 0$ ）时，本国贸易平衡。

证明：假设稳态时 $s_{1,t}^* = s_{1,t-1}^*$ ，则由式（3.18），贸易差额变为：

$$tb_{1,t}^* = s_{1,t}^* \left[\left(1 + r_{1,t}^* - (e_t/e_{t-1})(1 + r_{2,t}^*) \right) \tau_1 - r_{1,t}^* (\tau_1 + \tau_2) \right]$$

$$(3.19)$$

显然，如果两国货币作为融资货币或者投资货币的套息机会不存在（此时利率平价成立），且资本流入与资本流出管制强度相当（ $\tau_1 + \tau_2 = 0$ ）时，国内可以达到贸易平衡 $tb_{1,t}^* = 0$ 。

因为 τ_1 为正，τ_2 为负，所以当本国利率高于投资者投资于国外的收益率，即存在国内货币作为投资货币的套息交易机会时，如果 $\tau_1 + \tau_2 \leqslant 0$（说明 τ_1 较小、τ_2 的绝对值较大，资本流出管制强于资本流入管制），则本国贸易差额为正；当本国利率低于投资于国外的收益率，即存在国内货币作为融资货币、国外货币作为投资货币的套息机会时，如果 $\tau_1 + \tau_2 \geqslant 0$，则本国的贸易差额为负。其他情况贸易差额的正负不能确定。

值得指出的是，当投资于本国货币的收益率高于投资于外国货币的收益率时，资本流出管制的设定没有意义，但是此时资本流入管制的强度将具有重要影响，因为国内的消费者或投资者没有动机投资外国货币，而国外的投资者会尽力把资金投资到国内，所以资本有较强的流入倾向，而流出倾向相对较弱。即使资本流出管制强度较弱，也只会有较少的资本从国内流出。因此，如果资本在国内的收益率高于在国外的收益率，本国更可能出现贸易顺差。但是，如果资本流入管制较强，$\tau_1 + \tau_2$ 也可能为正，此时不能确定本国是顺差还是逆差。另外，当投资于本国货币的收益率低于投资于国外货币的收益率时，资本流入管制的设定没有意义，资本具有较强的流出倾向，而流入倾向较弱。所以，一般而言，如果资本在国外的收益率高于在国内的收益率，本国更可能出现贸易逆差。但是，如果资本流出管制较强，$\tau_1 + \tau_2$ 仍然可能为负，此时本国是顺差还是逆差不能确定。因为消费者或者投资者在做出投资决策时是根据自己对未来汇率的预期，而每个行为人的预期可以不同，所以对资本流出和资本流入管制进行限定仍是有意义的。值得一提的是，直接设定表示流入或流出的受管制资本量和设定与储蓄成比例的受管制资本量，对上述结论并无影响。

直觉上，如果本国的利率水平较高，把部分资本投资到国外会使未来的收入水平降低，从而降低消费水平；与此同时，资本流入管制的松弛也会使大量资本流入国内，从而增加国内产出水平。这两种效应同时作用增加了本国的顺差。事实上，这一结论并不因为把资本流入或者流出参数设为单独的变量 τ_1, τ_2 而非与储蓄水平成比例 $\tau_1 s_{1,t}, \tau_2 s_{1,t}$ 而改变，因为我们总可以把单独的变量看作与储蓄水平成比例。

假设国内利率高于本国居民投资到国外的收益率，如果本国利率较高，这意味着本币在下一期的贬值并不能抵消本币与外币的利率差或者本币在下一期甚至升值，此时存在以本币作为投资货币、以外币作为融资货币的套息机会。命题2说明如果此时本国实行的资本流入的管制强度弱于对资本流出的管制强度，本国贸易会出现顺差。而当套息交易逆转，且本国实行了较松弛的资本流出管制时，本国会出现贸易逆差。贸易平衡只有在套息机会不存在且资本管制强度对称时才会出现。不过，贸易平衡并不意味着两国之间没有贸易往来，无论在何种情况下，出口和进口都是存在的，只是在贸易平衡的情况下，出口和进口正好可以抵消。除上述以外的其他情况发生的时候，贸易是顺差还是逆差并不确定。

假设稳态时汇率不变，以式（3.18）本国的贸易差额为例计算本国稳态时的贸易差额得到：

$$tb_1^* = (\tau_1 + \tau_2)s_1^* - [(1 + r_1^*)\tau_2 + (1 + r_2^*)\tau_1]s_1^* \quad (3.20)$$

式（3.20）右边前半部分代表本国的出口，右边后半部分代表本国的进口。可以看出，当资本流出管制较强且本国的利率水平较高时，国外的投资者更多地把钱借给本国的企业以获得更高的利率，而国内年轻人的资本流出较少，因为国内的资本更具吸引力（出口更多）；本国当期年老的消费者偿还借款以及利息给国外的投资者，同时，也从国外获得相对较少的收益（进口较少）。

上述命题说明，在本章的假设下，贸易顺差还是逆差取决于两国利率以及资本流入和资本流出管制之间的关系。如果本国的利率较低、流出的资本较多，当期本国居民对国外的投资及上一期的利息收入不足以抵消当期从国外的借款及利息支付，本国将会出现逆差。相反，当本国的利率比世界利率高且流入的资本较多时，本国居民对国外的投资及上一期的利息收入足以抵消当期从国外的借款及利息支付，则会出现顺差。

3.4.3　资本管制、套息机会与消费

上述模型揭示了资本管制不对称的背景下，当存在以本国货币作为目标货币的套息交易机会时，当局对资本流入的倾向性（对资本流入的管制弱于对资本流出的管制）会导致贸易顺差；当存在以本国货币作为融资货币的套息机会，且资本流出管制较弱时，本国会出现贸易逆差。即在存在套息交易机会的情况下，资本管制的非对称性对一国的贸易差额有重要影响。这一点不仅在稳态点成立，而且在稳态点之外也是成立的。根据国际金融理论，如果资本可以自由流动，那么均衡时各国的利率水平将趋于一致。而在本章的模型中，因为存在一定程度的资本管

制，国内和国外可以保持不同的利率水平，由此导致国内和国外的消费倾向不同，所以消费品的贸易方向也可能不同。

引理 2：当劳动力自由流动、本国和国外的工资水平相等 $w_{1,t}^* = w_{2,t}^*$ 时，对 $t \geq 1$ 本国的任何一代人，本国与世界消费水平的比较取决于两国的利率水平。具体而言，$r_{1,t+1}^* > r_{2,t+1}^*$ 时，当期本国年轻人的消费水平比其他国家年轻人的消费水平低；而当 $r_{1,t+1}^* < r_{2,t+1}^*$ 时，当期本国年轻人的消费水平比其他国家高；当 $r_{1,t+1}^* = r_{2,t+1}^*$ 时，本国与其他国家总的消费水平相等。

证明：考虑均衡时 t 期出生的行为人的预算约束：

$$c(c_{1,t}^{t*}, c_{1,t}^{tf*}) + \frac{c(c_{1,t+1}^{t*}, c_{1,t+1}^{tf*})}{(1-\tau_1)(1+r_{1,t+1}^*) + \tau_1(1+r_{2,t+1}^*)} = w_{1,t}^* \quad (3.21)$$

均衡时假设 $e_{t+1}^* = e_t^*$，所以上式中汇率变量并未出现。假设劳动力自由流动，所以国内消费者的收入水平与第 2 个国家消费者的收入水平相等。因为假设年轻时候的消费与年老时候的消费是替代关系，所以当 $1 + r_{1,t+1}^* > 1 + r_{2,t+1}^*$ 时，本国的储蓄要高于其他国家的储蓄。在工资水平一定的条件下，这意味着本国年轻人的消费水平比其他国家低。另外，因为两国消费者的偏好一样，$1 + r_{1,t+1}^* > 1 + r_{2,t+1}^*$ 说明 t 期出生的行为人年老的时候消费更多。综合来看，并不能推断 t 期本国总的消费（既包括当期年轻人的消费又包括当期老年人的消费）是更多还是更少。

同理，当 $1 + r_{1,t+1}^* < 1 + r_{2,t+1}^*$ 时，在 $t+1$ 期，本国年轻人的消费水平比其他国家高，而老年人的消费水平较低；当 $1 + r_{1,t+1}^* = 1 + r_{2,t+1}^*$ 时，两个国家总的消费水平相等。

命题 3：当 $r_{1,t}^* < r_{2,t}^*$ 且 $r_{1,t+1}^* > r_{2,t+1}^*$ 时，t 期本国的人均消费水平较低；当 $r_{1,t}^* > r_{2,t}^*$ 且 $r_{1,t+1}^* < r_{2,t+1}^*$ 时，情况相反；其他情况下消费水平高低则不明确。

证明：结合引理 2 的结论，$r_{1,t}^* < r_{2,t}^*$ 时，$t-1$ 期出生的年轻消费者储蓄比国外低，所以在 t 期他们年老时的消费水平也比国外低。而 $r_{1,t+1}^* > r_{2,t+1}^*$ 时，t 期出生的年轻人在 t 期的消费比其他国家低。因为行为人只活两期，所以当 $r_{1,t}^* < r_{2,t}^*$ 且 $r_{1,t+1}^* > r_{2,t+1}^*$ 时，t 期本国总体（包括年轻人和老年人）的人均消费水平比其他国家低。同理可证 $r_{1,t}^* > r_{2,t}^*$ 且 $r_{1,t+1}^* < r_{2,t+1}^*$ 时，t 期本国总体（包括年轻人和老年人）的人均消费水平比其他国家高。

当 $r_{1,t}^* < r_{2,t}^*$ 且 $r_{1,t+1}^* < r_{2,t+1}^*$ 时，对本国而言，$t-1$ 期出生的消费者在 t 期年老时的消费水平较低，而 t 期出生的年轻人在 t 期的消费较高，所以 t 期总体的人均消费水平高低不能确定；当 $r_{1,t}^* > r_{2,t}^*$ 且 $r_{1,t+1}^* > r_{2,t+1}^*$ 时，t 期年轻人的消费水平较低，而老年人的消费水平较高，所以总体的消费水平高低不能确定。

在命题 3 中，本章揭示了本国的消费者消费更少的条件。值得注意的是，这一结果对应了东亚国家尤其是中国与美国相比消费过少的事实。上述结果的原因在于，如果前期国外利率比国内利率高，因为存在资本流出管制，消费者只能把小部分资本投资到国外赚取利差，不能充分利用套息机会，所以第二期年老时候的消费水平将会比其他国家低；而当下一期本国利率水平比国外利率高时，年轻的消费者希望多储蓄以增加未来的消费，从而相应减少了当期的消费。

3.4.4　资本账户开放与利率

本国当期的利率水平较低而下一期的利率水平较高时，当期的消费水平将会较低；而当本国由当期较高的利率水平变为下一期利率水平较低时，本国当期的消费水平将会较高。本章接下来分析以下问题：其他条件不变时，流入管制和流出管制对本国的利率分别有哪些影响，以及资本账户的开放对利率有什么影响。

命题 4：（1）其他条件不变时，资本流出管制放松或流入管制加强会导致利率上升；资本流出管制加强或流入管制放松会导致利率下降。（2）相比封闭自给自足的经济体，允许资本有管制地流动时，如果资本流入管制强于资本流出管制，则资本管制存在时的利率水平大于封闭时期的利率水平，即有管制的开放资本市场将会提高利率水平；而如果开放资本市场后流出管制强于流入管制，则开放资本市场会使利率下降。

证明：设 k_1^* 为本国在稳态时的资本水平，定义 g_1 为如下形式：

$$g_1(k_1^*) \equiv (1 + n)k_1^* - (1 - \tau_1 - \tau_2)s_1^* = 0 \qquad (3.22)$$

其导数可以表示为：$g_1'(k_1^*) = 1 + n + (1 - \tau_1 - \tau_2)s_1^w f''(k_1^*)k_1^* - (1 - \tau_1 - \tau_2)s_1^r f''(k_1^*)$。其中，$s_1^w$ 及 s_1^r 分别表示本国储蓄对工资水平以及利率的偏导。

当稳态是稳定的时候，由 $\dfrac{\mathrm{d}k_{1,t+1}}{\mathrm{d}k_{1,t}}(k_1^*) = \dfrac{-(1 - \tau_1 - \tau_2)s_1^w f''(k_1^*)k_1^*}{1 + n - (1 - \tau_1 - \tau_2)s_1^r f''(k_1^*)} < 1$ 可知，$g_1'(k_1^*) > 0$。

（1）现在假设 τ_1 或 τ_2 上升，由式（3.22）可知，为保持 $g_1(k_1^*) = 0$，需要 k_1^* 下降，而一旦 k_1^* 下降，均衡时的利率水平 r_1^* 则会上升，所以可知 τ_1 或 τ_2 上升（τ_2 上升意味着 τ_2 的绝对值下降，表示流入管制加强）即资本流出管制放松或流入管制加强会导致利率上升。同理，τ_1 或 τ_2 下降，为保持 $g_1(k_1^*) = 0$，需要 k_1^* 上升，而一旦 k_1^* 上升，均衡时的利率水平 r_1^* 则会下降，所以可知 τ_1 或 τ_2 下降即资本流出管制加强或流入管制放松会导致利率下降。

（2）k_1^{aut} 为本国在自给自足时候的稳态资本存量，令式（3.22）中 $k_1^* = k_1^{aut}$。因为稳态时候有 $(1 + n)k_1^{aut} = s_1^{aut}$，所以 $g_1(k_1^{aut}) = (\tau_1 + \tau_2)s_1^{aut}$。又注意到 g_1 的导数为正，所以当 $\tau_1 + \tau_2 > 0$ 时，有 $g_1(k_1^{aut}) > g_1(k_1^*) = 0$，进而有 $k_1^{aut} > k_1^*$，这意味着 $r_1^{aut} < r_1^*$；而当 $\tau_1 + \tau_2 < 0$ 时，

有 $r_1^{aut} > r_1^*$ ；当 $\tau_1 + \tau_2 = 0$ 时，有 $r_1^{aut} = r_1^*$ 。即证。

命题 4 说明资本管制的不对称性不仅可以影响到贸易失衡，还会对均衡时的利率水平产生影响。首先，资本流入管制与资本流出管制对利率的影响不同。均衡的状态下，放松流出管制或加强流入管制会使利率上升，而加强流出管制或放松流入管制会使利率下降。这一结论也是符合直觉的，如果流出的资本较多而流入的资本较少，则本国经历着资本净流出，人均资本需要更高的边际收益率。其次，若开放资本市场后，资本流入管制强于资本流出管制，因为本国经历着资本净流出，所以开放后的均衡利率大于封闭时候的利率水平；若开放资本市场后，资本流出管制强于资本流入管制，因为本国经历着资本净流入，所以开放后的均衡利率小于封闭时候的利率水平。

资本管制程度并不是一个容易衡量的指标，其本身是一整套非常复杂的法规体系或政策文件（白晓燕，王培杰，2008），而相关的资本流入、流出的数据多是从 2000 年之后才开始出现，所以精确地对其进行衡量并形成有意义的数据十分困难。所以本章结合其他学者对我国资本管制强度的研究对本章的有关结论进行了检验。朱鹤（2015）曾利用 AB-SETAR 模型测度了 2006～2015 年我国资本管制的程度，他认为我国的资本管制强度先是逐渐减弱，但是汇改之后资本管制又有所加强。

根据朱鹤（2015）的研究，2008 年下半年开始国家外汇管理局强化了银行对外商投资企业办理结售汇业务的审查，这意味着资本流入管制有所加强；2009 年底到 2010 年初，为防范资本外逃，国家外汇管理局加强了对资本流出的管制。2011 年中，我国的资本管制逐渐减弱，且资本管制开始向对称监管发展，而从表 3.1 可以看出，贸易差额对 GDP 的比值在 2008 年之前较高，而在 2009 年及之后逐渐下降，到 2011 年我国贸易差额相对 GDP 的比重最小。但是由于关于资本管制的相关研究数据有限，本章尚不能得出显著性较强的结论。

表 3.1   **2006 ~ 2015 年我国贸易差额与 GDP 之比**

年份	2006	2007	2008	2009	2010	2011	2012	2013	2014	2015
比值	0.0648	0.0750	0.0653	0.0384	0.0298	0.0206	0.0270	0.0271	0.0365	0.0538

资料来源：根据万德数据库整理。

3.5　本章小结

　　本章建立了一个关于开放经济的 OLG 模型，在资本管制不对称和存在套息机会的条件下，系统研究了套息交易的机会、资本管制与贸易失衡之间的关系。经典的利率平价理论认为两国的利差能够完全传导至汇率的变动或者使两国利率趋于相等；而当存在资本管制及影响资本流动的其他因素时，利率平价在现实中可能并不成立，于是存在套息机会。资本管制与套息机会的存在深刻影响了资本流动及贸易流动的方向。

　　本章正是在以上思路的基础上，主要得到以下结论：（1）在特殊效用函数形式的假设下，非抛补利率平价成立的时候，资本流出管制强度的变化才对储蓄和消费没有影响；如果利率平价关系不成立，资本流出管制强度的放松或下降将会改变当期年轻人的消费及储蓄水平，并会对这些消费者年老时候的需求产生影响。（2）当资本流入管制弱于资本流出管制且国内利率高于本国居民投资到国外的收益率，这两种情况同时出现将导致本国贸易顺差；当资本流入管制强于流出管制且国内利率低于本国居民投资到国外的收益率将导致本国贸易逆差。（3）相比封闭自给自足的经济体，允许资本有管制的流动时，如果资本流入管制强于资本流出管制，因为存在资本净流出，本国的人均资本减少，所以存在资本管制时均衡的利率水平大于封闭时期的利率水平，即有管制的开放资本市场将会提高利率水平；而如果开放资本市场后流出管制强于流入管制，则开放资本市场会使利率下降。

　　需要指出的是，本章存在若干局限，有待进一步的工作予以完善。其一，本章重点讨论了资本管制、套息机会与贸易失衡之间的关系，为简化本章的模型，本章设定资本管制强度是本国人均储蓄的线性函数，假定监管方从量上对资本流动进行直接控制。而实际上，资本管制的方式多样，对资本流入和流出的管制也有很大不同。另外，我国的资本项目正日益开放，在大规模资本流动的背景下进行资本监管需要审慎而为，对这些不同的资本监管手段也需要设计新的模型予以考虑。其二，受到数据可得性的限制，本章并未从经验方面对资本管制与贸易失衡之间的关系以及资本管制对套息收益的影响进行分析，这将是未来研究的重要方向。其三，资本管制尽管在国内投资者投资国外资产的方式、规模以及国外投资者投资国内资产的方式、规模有所限制，但现实中，消费者在国内或国外的资产投资上仍然有多种选择，而引入多种资产需要在模型中引入不确定性，这也将是后续研究的重点。

第4章 国际资本流动与中国贸易失衡

贸易失衡是引起贸易争端的主要原因之一，很多研究探讨了引起贸易失衡的各种原因，但从虚假贸易角度进行的研究比较少见。本章基于中国贸易失衡的典型事实，分析发现中国的贸易顺差中可能存在虚假贸易情况。以进出口差额及出口缺口作为因变量进行回归分析，发现人民币利率的作用为正而美元利率的作用为负，意味着投资者持有人民币资产的多头，而持有境外货币资产尤其是美元的空头，正对应着套息交易获利的头寸。在资本账户管制的背景下，人民币套息交易行为通过经常账户反映出来，最典型的就是高报出口现象。本章也从经验上分析了不同性质的企业从事套息交易活动的不同倾向，检验了隐蔽的套息交易更易出现在哪些行业。

4.1 中国贸易失衡的背景

利率平价理论在经验上不成立（Engel，1996）使得套息交易在现实中十分盛行。简单而言，套息交易是指投资者从低利率国家借入货币投资到高利率的国家，以赚取利润的行为。低利率国家的货币称为融资货币，高利率国家的货币称为投资货币。2005年7月，人民币汇率开始有管理的浮动，国内与国外较大的利率差以及人民币的升值预期，使得人民币成为套息交易者新宠。相对较高的人民币利率使得人民币套息成为外资流入不可忽视的途径，尽管长期以来中国实行资本项目管制，但在岸人民币套息并非没有可能。

本章致力于探究资本项目管制下，通过贸易渠道进行的隐蔽人民币套息交易行为。根据非抛补利率平价理论，利率差应等于两种货币之间汇率的预期变化，即一国利率高于（低于）另一国利率的差额应该等于该国货币的预期贬值（升值）幅度。然而，现实中，相比低利率的国家，高利率的国家在短期内具有更高的预期回报，这称为"远期升水之谜"。外汇市场的"远期升水之谜"受到了广泛关注，恩格尔（1996，2014）综述了关于这一问题的经验研究。从利率平价理论提出以来，针对其是否成立的检验及争论一直持续，但关于套息交易的研究起步较晚，直到最近相关的文献才逐渐增多。学术界对套息交易的现有研究主要从三个途径展开：第一，对套息交易的收益进行估计和描述，并对其异常的高收益进行分析（Lustig et al.，2014）；第二，探究最优的套息交易策略，并与其他策略进行比较（Jordà & Taylor，2012）；第三，从微观或宏观层面对套息交易可能造成的影响进行研究（Frankel，2014）。

综合来看，一方面，国外关于套息收益的研究已经十分深入，对风险升水的解释也取得了比较有价值的研究成果；相比之下，国内现有研究还仅集中在利率平价方面，针对套息交易的深入研究较少（赵文霞和张定胜，2014）。另一方面，中国从1994年以来一直保持贸易顺差，但顺差在GDP中所占比重从汇率开始变化的2005年出现跳跃性增长（王剑锋和顾标，2011），这些顺差中是否存在隐蔽的"热钱"？如何认定？这两个问题的解答对理解中国的贸易失衡问题具有重要意义。然而目前，绝大部分文献通过剔除贸易顺差导致的外汇占款研究短期资本流入，如潘敏和唐晋荣（2015）实证分析了2005年7月至2013年12月中国人民银行在人民币汇率市场上的反市场预期操作对短期资本流入数量的影响。他们认为相对于正常的国际宏观经济环境时期，在国际经济环境不确定性加大的背景下，人民币汇率操作对短期资本流入规模的抑制效果更明显，但这种抑制的总体效果有限。赵进文和张敬思（2013）通过引入风险溢价因素，建立了人民币汇率、短期国际资本流动和股票价格相互影响的模型，并运用 VAR 模型实证分析了 2005 年 7 月至 2011 年 12 月间三者之间的动态关系。

中国的贸易失衡问题受到了广泛关注，很多研究认为中国巨额贸易顺差源自人民币低估，因此指责中国政府操纵汇率。而通过引入金融摩擦解释中国经济增长过程中出现的贸易顺差问题，逐渐得到学术界认可。这方面比较具有代表性的文献有宋等（2011），他们认为具有较高生产率的私营企业很难进入融资市场，而比较容易融资的国有企业生产率较低，于是资源持续但缓慢地流向私营部门。所以，在资源再配置的过程中，国有部门逐渐萎缩，导致贷款需求减少，银行把多余资本投资到国外形成贸易顺差。而赵文军和于津平（2008）通过建立以中国贸易收支为研究对象的理论模型和相应的计量模型，对中国在 1978～2006 年间贸易顺差的成因进行了分析，他们认为实际资本存量高速增长和居民实际财富缓慢爬升是贸易顺差快速增加的主要原因。赵仲匡等（2016）以理论模型为基础，从金融约束、对冲以及组成效应的视角，在经验研究部分用结构方程的方法对"出口汇率不相关之谜"提供了一个解释。

事实上，中国的贸易失衡是全球失衡的一部分，另有很多研究基于发达国家与发展中国家金融与经济发展的非对称性，来解释这一全球失衡问题，如门多萨等（2009）以及安杰利托斯和帕努西（Angeletos & Panousi, 2011）强调国家之间去除异质风险能力的不同，认为金融不发达的国家储蓄更多。安特斯和卡巴莱罗（2009）则强调了金融摩擦和国际贸易的交互作用。这些研究虽已关注内部失衡问题，但均未考虑行为人可能从事隐蔽的套息交易，从而加剧贸易失衡。唐旭和梁猛（2007）考虑到了"热钱"可能通过贸易渠道流入国内，他们认为"长线投机资金"不仅来源于贸易渠道,也会通过"外商投资企业"渠道流入国内,他们估算 2005 年通过国际贸易方式形成的长线投机资金约为贸易顺差的 32%。陈卫东和王有鑫(2016)分析了跨境资本流动的渠道和规模,他们认为进口低报是中国香港贸易套利资金流入的主渠道。不过这些文献都是对"热钱"规模进行的简单估算,并未验证这一"渠道"是否真实存在。

显然,资金尤其是"热钱"的流动都是基于利润动机,只有把利差引起的利润动机、高报出口与贸易顺差结合起来,才能更深刻地理解中国的现实问题。中国的外汇储备从 2002 年起就一路攀升,截至 2014 年 6 月已达 3.99 万亿美元①。通过巨额贸易顺差流入的外汇,被央行吸收后兑换成人民币从而增加货币供给,形成流动性。套息交易逆转将导致市场剧烈动荡,因此非常有必要深入研究人民币套息与贸易失衡之间的内在关联。为了梳理剖析人民币套息与贸易失衡之间的关系,本章首先对这种隐蔽的套息交易进行识别,为此,借鉴阿查里亚和斯特芬(2015)识别欧洲一些国家的银行是否从事套息交易的思路进行分析。其次,为理解何种性质的企业通过贸易方式产生了隐蔽的套息交易行为,本章也检验了外商投资企业、国有企业以及其他类型的企业等哪类企业更易通过贸易方式产生隐蔽的套息交易。最后,本章将按照 HS 分类法估计来自各个行业的顺差对利率作用的反应,分析哪种行业通过贸易方式产生了隐蔽的套息交易。

探寻人民币套息的收益以及资本项目管制下人民币套息的方式选择,并对参与人民币套息交易的企业性质、行业性质进行分析,具有重要的研究意义。如果国内企业侧重于通过高报出口从事套息交易而非投资生产,单纯依靠调整汇率的宏观政策,将只会加剧市场动荡,增加经

---

① 6 月末中国外汇储备增至 3.99 万亿美元 [EB/OL]. 人民网, 2014 – 07 – 16. http://cpc. people. com. cn/n/2014/0716/c87228 – 25290743. html.

济的下行风险，资源错配问题无从得以解决，直接影响经济的长期增长。基于中国香港的特殊地理区位及统计口径一致的考虑，本章通过研究中国内地来自香港的顺差作为切入口，研究隐蔽的人民币套息交易行为。

4.2　关于贸易顺差与人民币套息的三个事实

分析通过贸易渠道进行的人民币套息交易，最重要的问题是理解哪些企业利用哪些行业作为媒介。本节提供了关于中国贸易顺差与人民币套息收益的三个典型事实，这些事实有助于初步理解投资者从事人民币套息交易的动机，以及隐蔽的套息交易有何表现。

4.2.1　人民币套息的收益从人民币升值时候开始出现转折

从事货币套息交易的投资者通过攫取两种货币之间的利率差以赚取利润，同时也承担着由汇率波动导致的风险。如果人民币对美元汇率的变化不足以抵消两者间利率的差距，则存在套利机会。而图 4.1 显示 2002 年 1 月，1 美元分别投资于十年期的中国国债和十年期的美国国债的累积收益。其中，图中竖线对应 2005 年 7 月美元兑人民币汇率开始下降即人民币开始升值的时刻。可以看出，在此之前，中国十年期债券的累积收益率与美国十年期国债的收益率差距不大，美国国债的收益率甚至略高于中国，但投资于中国国债的累计收益率从人民币开始升值的时刻出现转折，之后逐渐高于美国十年期国债的累积收益率。在样本期内，美国国债的累积收益率表现稳定。

图 4.1 中，中国国债收益率的数据始于 2002 年 1 月，来自中国债券信息网"10 年期银行间固定利率国债收益率"。美国国债收益率的数据

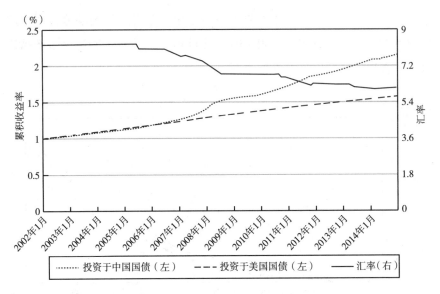

图 4.1　投资于十年期中国国债与美国国债的累积收益

资料来源：根据中经网统计数据库整理。

为"10 年期联邦政府证券收益率"月度数据。图 4.1 说明人民币升值对持有人民币的多头具有较强的作用。尽管中国国债收益率 2007 年 11 月开始大于美国十年期国债的收益率，期间还有部分时期小于美国国债收益率（如 2010 年 1～5 月），而直到 2008 年 11 月人民币的利率水平才持续大于美元的利率水平，但因为人民币自 2005 年 7 月就开始渐进升值，2006 年 7 月，持有十年期中国国债的多头头寸的收益率就已经超过持有美国国债的收益率。

4.2.2　中国香港是内地的首要顺差来源地

根据中国海关信息网的数据，中国香港、美国、英国以及荷兰是中国内地主要的顺差来源地，而中国香港一直居于首位。图 4.2 为来自中国香港的顺差、来自美国的顺差及中国内地总顺差自 1995 年 1 月以来的累积值，可以看出，来自中国香港的顺差相比来自美国的顺差，对中国内地贸易顺差的贡献更大，很多时候甚至超过总顺差，这与很多产品通过中国香港中转往世界各地分不开。

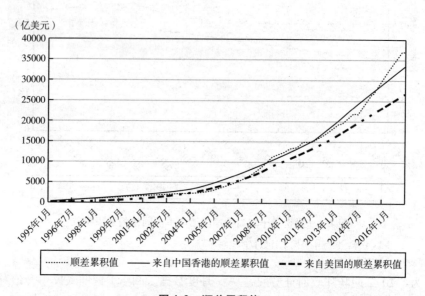

图 4.2 顺差累积值

注：顺差 = 出口值 − 进口值。

资料来源：根据中经网统计数据库整理。

中国香港充当中国内地与世界各国进出口贸易的桥梁，在中国与美国、日本等经济体的贸易中扮演重要角色。原产中国内地的商品占中国香港转口商品总额的 60% 左右（杨汝岱，2008）。另外，中国香港与内地的贸易量及增幅经常引起广泛的质疑，尤其当中国内地和中国香港的贸易增幅与中国内地和其他国家（地区）的贸易增幅出现较大偏差的时候。基于以上分析，本章经验研究部分主要通过分析来自中国香港的顺差探讨虚假贸易是否存在。

中国内地对资本的无序流入流出实行一定的限制，而作为金融自由港的中国香港则没有这种限制。所以，中外利率差异和汇率差异导致的套利空间并不能被投机资本迅速抹平。中国香港的地理位置特殊，当中外利差持续存在且人民币具有升值预期时，滞留在中国香港的资本可能通过虚假贸易的渠道流入内地。当货物从中国香港进口到深圳保税区之后，境外公司（与境内企业有关联）可以从境内企业手中将这批货物买回去，货物再出口到中国香港，随后关联企业再将货值付结给境内企业。利用"内保外贷"政策，境内企业持出口所得可以要求境内银行开具信用证提供担保，并请求境外银行为其在境外的关联公司发放贷款。境外关联公司再持贷款从境内企业手中买进货物，实现境内企业的"出口"假象①（见图 4.3）。中国香港之所以重要，是因为借助于货物在中国香港与内地之间近距离的"兜圈"，资本已经完成了流入、流出。所以，本章以来自中国香港的顺差作为切入口研究贸易顺差与人民币套息之间的关系。

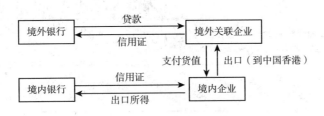

图 4.3　虚假贸易示意

尽管银行间同业拆借利率并非投资者实际面临的真实利率，但可以反映市场的紧缩水平，而且各种利率水平都是相关的，所以图 4.4 以银行间同业拆借利率代表利率水平。图 4.4 给出了 1995 年 1 月至 2017 年 2 月期间人民币和美元利率、来自中国香港的顺差及出口缺口的变化趋势，其中，出口缺口与来自中国香港的顺差由笔者根据中经网统计数据库整理；上海银行间同业拆放利率 *shibor*（上海银行间同业拆放利率）

数据根据 SHIBOR 网站整理，其中 2006 年之前的数据采用全国银行间同业拆借利率表示，来自中经网；美元伦敦银行间同业拆借利率 *usdlibor*（美元伦敦银行间同业拆借利率）数据来自 global-rates 网站（https：//www. global-rates. com/）。图 4.4 中的两条虚线分别表示中国和美国为期 1 个月的银行间同业拆借利率，可以看出两条线时有交叉，但最近几年利率差有扩大趋势，这正是套息交易获得收益的基础。从图中可以看出，伴随着利差的变化，出口缺口逐渐上升并显著异于 0。

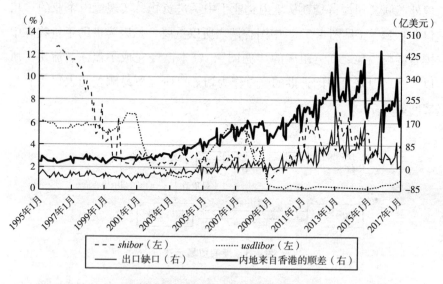

图 4.4　人民币和美元利率、来自中国香港的顺差与出口缺口

注：出口缺口 = 内地出口到香港的货值 − 香港进口自内地的货值。

值得注意的是，因为出口缺口 = 内地出口到香港的货值 − 香港进口自内地的货值，出口缺口显著不为 0 意味着内地出口到香港的货值存在高报现象，内地企业在内地和香港之间进行高价值商品（如贵金属）、电子产品及其他的产品的"出口"时高报其价值，通常这些商品并未离开内地港口，虽然计入内地的出口，但并未作为香港进口自内地的货值计入，进而"出口所得"通过子公司汇入内地，形成资本流入。如果这一思路属实，这些商品必然具有易储存、保值的特性。另外，由内地企业生产的加工贸易品出口到香港，然后再由这些企业把这些商品作为中间投入品进口到内地，以从事套利，因为出口企业可以获得增值税返还，而进口企业可以获得更低的价格（邢予青，2012）。此外，从图 4.4 不难看出，内地来自香港的顺差与出口缺口之间存在较强的相关性，2013 年 3 月来自香港的顺差最大的时候也是出口缺口最大的时候。经检验，在本章的样本期内，来自香港的顺差与内地进出口差额的相关性为 0.7003，而来自香港的顺差与出口缺口的相关性达到了 0.9617。这是一个值得注意的现象，说明中国的贸易顺差中可能存在相当大的水分。

4.2.3 贸易顺差主要来源于外商投资及其他类型的企业

分析贸易顺差主要来自哪种类型的企业也有重要的意义，可以据此了解哪种类型的企业对贸易顺差的贡献较大。图 4.5 显示了 1996 年 1 月至 2005 年 6 月期间与 2005 年 7 月至 2014 年 12 月期间不同性质的企业每月平均的进出口差额。从进出口企业的企业性质来看，外商投资企业与其他类型企业是内地顺差的主要来源。尽管在 2005 年之前国有企业一直保持总体的贸易盈余，但 2005 年之后国有企业是主要的逆差来源。外商投资企业与其他类型企业的顺差，对中国内地总体的贸易顺差起到了至关重要的作用。例如，国有企业在 2005 年 7 月之前每月约创造 12.6 亿美元的顺差，而之后每月的逆差约为 122 亿美元；而外商投资企业在 2005 年 7 月之前每月只创造约 3 亿美元的顺差，但之后每月约有 114 亿美元的顺差；2005 年 7 月至 2014 年 12 月期间，来自其他类型企业的顺差则更多，约为 202 亿美元。本章接下来将从经验上对是否存在通过贸易渠道进行的隐蔽套息交易进行检验。

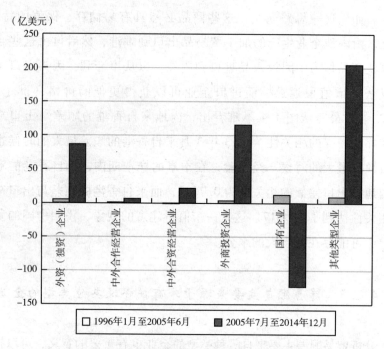

图 4.5　来自不同类型企业的进出口差额月均值

资料来源：根据中经网统计数据库整理。

4.3　国际资本流动与贸易失衡关系的经验分析

　　套息交易虽然理论上可行，但现实中不易识别。本章借鉴阿查里亚和斯特芬（2015）识别欧洲一些国家的银行是否从事套息交易的做法进行分析，他们检验了这些银行股票的收益率对希腊、爱尔兰、葡萄牙、西班牙、意大利（即 GIPSI）和德国国债收益率的敏感程度。本章检验贸易顺差对人民币利率与美元利率的相关性，为增加结果的可信性，本章也做了一系列的稳健性检验。

4.3.1　变量选取及数据说明

本章以 1995 年 1 月至 2014 年 12 月为样本区间。选取不同货币之间的利率进行比较时，大多数文献选伦敦银行间同业拆借利率（London interbank offered rate，LIBOR），所以本章选美元的 LIBOR 利率 *usdlibor* 作为美元利率代表，英镑 LIBOR 利率 *pound* 为英镑利率代表，数据来自 global-rates 网站；为与 *usdlibor* 可比，选取 *shibor* 作为人民币利率的代表，2006 年 9 月之后的数据来源于 shibor 网站，2006 年 9 月及之前的数据来自中经网"全国银行间同业拆借市场交易期限分类统计表"，又因为 1996 年 1 月中国才建立起全国统一的同业拆借市场并开始试运行，所以 *shibor* 的数据始于 1996 年 1 月。上述利率均为为期 1 个月的每月平均利率。

因变量：内地来自香港的进出口差额 *hksur* = 内地出口至香港的货值 – 内地进口自香港的货值。内地总顺差，表示为 *tsur*。进口缺口 *import_gap* = 香港出口到内地的货值 – 内地进口至香港的货值，数据来自万德统计数据库。出口缺口 *export_gap* = 内地出口到香港的货值 – 香港进口自内地的货值，其中，内地出口到香港的货值来自中经网，香港进口自内地货值的数据来自中国香港特区政府统计处网站。

稳健性检验通过替换因变量及利率变量来进行。其中，为期 1 个月全国银行间债券质押式回购交易的加权平均利率 *cnbond*，数据始于 2000 年 1 月。美国十年期联邦政府证券收益率月度数据表示为 *usbond*。OECD 国家十年期国债月度利率算数平均 *bondindex*（未考虑美国、英国以及荷兰），之所以未考虑美国、英国及荷兰，是因为这些国家（地区）是中国内地主要的顺差来源地，如果贸易顺差中存在以英镑或荷兰盾作为融资货币的隐蔽的套息交易，那么有必要利用其利率水平单独对这些货币是否作为融资货币进行验证，来自英国和美国的进出口差额分别用 *eng-*

sur 和 *ussur* 表示。又因为缺少爱沙尼亚和土耳其十年期政府债券的收益率，所以 *bondindex* 的计算也未考虑爱沙尼亚和土耳其。因为数据可得性限制，*bondindex* 计入的是冰岛五年期的政府债券收益率，计入比利时的是六年及以上政府债券收益率。

宏观经济变量：当月居民消费价格环比涨跌率 *dcpi*；规模以上工业企业增加值的当月同比实际增速 *addvalue*；美国消费者信心指标（标准值 = 100）*ussentindex*。涉及进出口货值的数据单位均为亿美元。以上数据若无特别说明均来自中经网统计数据库。

4.3.2 计量模型的建立及估计

数据的平稳性与否直接关系到时间序列模型的可靠程度，因此在建立计量模型之前应进行数据平稳性检验。经检验除 *pound*、全国第五个行业（根据 HS 分类）总的进出口差额，以及第二个行业来自中国香港的进出口差额不平稳外，其余变量根据 ADF 检验均至少在 10%的显著水平下拒绝原假设，即不存在单位根过程，是平稳的。而对上述三个变量作一阶差分处理后再进行单位根检验，结果表明差分变量是平稳的，所以涉及以上三个变量的检验分析都是基于其一阶差分变量（参见附表 2）。

微观的企业层面数据不可得，为把贸易顺差与套息交易的融资部分和投资部分都联系起来，本章运用多因子模型通过贸易顺差对利率的敏感性测度套息交易程度。具体而言，本章估计如下模型：

$$Y_t = \beta_0 + \beta_1 shibor_t + \beta_2 usdlibor_t + \beta_m m_t + \varepsilon_t \tag{4.1}$$

其中，Y_t 为来自中国香港的贸易顺差额、出口缺口、总顺差或进口缺口；$shibor_t$ 表示为期 1 个月的 *shibor* 第 t 月平均值；$usdlibor_t$ 表示为期 1 个月的美元 LIBOR 第 t 月平均值；m 为中国内地总的进出口差额对 *shi-*

bor 和 *usdlibor* 回归形成的残差，把 *m* 引入模型可以控制遗漏变量偏误。阿查里亚和斯特芬（2015）也通过引入一个残差变量以剔除其他因素的影响。

之所以把来自中国香港的贸易顺差额或出口缺口作为因变量，是因为如果隐蔽的套息交易存在，预计投资者会通过高报出口、并以中国香港作为中转地实施，所以这一投机行为将对来自中国香港的顺差以及出口缺口有显著影响。又因为美元是世界上主要的结算货币，所以基准模型中用美元的伦敦银行间同业拆借利率作为对应上海银行间同业拆借利率的另一变量，不过本章的稳健性检验也考虑了其他货币作为融资货币的可能性。因为本章的主要目的是验证隐蔽的人民币套息交易是否存在，而且对变量 *m*（表示影响内地进出口差额的其他因素）的引入可以控制遗漏变量偏误，所以本章并没有如钦和普拉萨德（Chinn & Prasad, 2003）那样通过引入人均 GDP、财政收支规模、中美汇率、金融深化程度以及资本管制程度来检验各因素对贸易顺差的影响。经检验，残差变量 *m* 与美元 *usdlibor* 及 *shibor* 变量的相关性很小，而与人均 GDP（季度变量）、财政收支差额、中美汇率、金融深化程度（以货币和准货币供应量 M2 的月度数据衡量）的相关性水平至少为 0.4390，并且这些变量相互之间也有较强的相关性，为避免多重共线性本章设定式（4.1）为基准模型。

β_1 的估计值是顺差或出口缺口对人民币利率敏感度的无偏估计，正的因子载荷反映了顺差或出口缺口中，存在为持有人民币的多头而导致的资本流入；β_2 的估计值是顺差或出口缺口对美元利率敏感度的无偏估计，负的因子载荷反映了投资者持有美元空头。$\beta_1 > 0$ 同时 $\beta_2 < 0$ 表示存在把人民币作为目标货币的套息交易行为，二者正对应着套息的投资和融资部分。

表 4.1 为基准计量模型的估计结果。第二列和第三列的因变量分别为来自中国香港的顺差与出口缺口，第五列的因变量为中国内地总的进

出口差额。计量结果显示，来自中国香港的顺差及出口缺口对人民币和美元利率水平都十分敏感。具体来说，在对来自中国香港顺差的估计中，*shibor* 前面系数为正，*usdlibor* 前面系数为负，两者分别在 10% 和 1% 的水平上显著；类似地，在第二列对出口缺口 *export_gap* 的估计模型中，*shibor* 前面系数为正，*usdlibor* 前面系数为负，且两者都在 1% 的水平上显著。两个模型的拟合优度 R^2 都在 55% 以上，对来自中国香港顺差的估计中拟合优度为 69.03%，说明自变量可以解释来自中国香港顺差或出口缺口变化的绝大部分。β_1 为正，β_2 为负且数量较大，根据前面的分析，上述结果说明存在把人民币作为目标货币、把美元作为融资货币的套息交易行为，而这一行为通过贸易渠道反映在了中国内地来自中国香港的顺差上。进一步地，人民币套息交易在出口缺口上反映得更加明显，这表现在 *shibor* 前面系数对出口缺口 *export_gap* 的估计相比对 *hksur* 的估计更加显著。

表 4.1　　**来自中国香港的顺差、总顺差、进口缺口及出口缺口与**
人民币套息的关系估计

变量	*hksur*	*export_gap*	*import_gap*	*tsur*
shibor	2.496 * (1.86)	2.168 *** (2.82)	0.128 ** (2.03)	−1.298 (−0.45)
usdlibor	−28.566 *** (−17.39)	−13.098 *** (−13.89)	0.763 *** (9.90)	−19.037 *** (−5.35)
m	0.409 *** (13.29)	0.162 *** (9.19)	−0.788 *** (−5.45)	
常数项	187.295 *** (26.86)	31.676 *** (7.91)	−11.715 *** (−35.78)	170.369 *** (11.29)
观测值	228	228	228	228
拟合优度（%）	69.03	55.75	41.98	13.39

注：括号中为 t–统计量，***、**、* 分别表示在 1%、5%、10% 的水平上显著。

不过，对中国内地总的进出口差额的回归中并不能看出这一点。第五

列中 *shibor* 前面的系数为负，但并不显著；*usdlibor* 前面的系数为负，且在 1% 的水平上显著。所以，从内地总的进出口差额中并不能看出存在虚假贸易或隐蔽的套息交易。这一点也很容易理解，因为内地总的贸易顺差来源复杂，而虚假贸易是通过特定渠道进行，即使虚假贸易对部分贸易顺差有显著贡献（第二列与第三列的回归结果），因为总量的稀释效应，也很难通过对总顺差水平的分析看出。

有些文献在分析高报出口时，同时也把低报进口作为贸易套利资金流入的一个来源（如陈卫东和王有鑫，2016），为了分析进口低报中是否确实存在隐蔽的套息交易，本章也把进口缺口 *import_gap* 作为一个因变量进行估计，具体的估计结果列于表 4.1 的第四列。从第四列的估计结果可以看出，低报进口的水平与人民币和美元利率水平均为正相关关系，且系数分别在 5% 和 1% 的水平下显著。自变量对进口缺口的解释力相比其他模型较小，拟合优度只有 41.98%。这一估计结果说明，从低报进口中并不能看出虚假贸易存在。相比贸易套利，低报进口可能受到其他因素的影响更大，所以虚假贸易对低报进口的驱动并不显著。表4.1 的分析结果说明，隐蔽的套息交易主要通过中国内地对香港的高报出口进行，并对中国内地来自香港的顺差产生了显著的影响。

4.3.3　稳健性检验

表 4.2 报告了一系列稳健性检验，进一步证明了存在通过虚假贸易渠道进行的人民币套息交易行为。如果没有特别说明，表 4.2 中的检验都是以来自中国香港的顺差 *hksur* 作为因变量进行估计。首先，本章构建了一个国债回报率指数 *bondindex*。如果 OECD 国家的货币也作为融资货币，那么来自中国香港的顺差对这一指数将如同对 *usdlibor* 一样敏感。模型（1）报告了引入变量 *bondindex* 作为独立的控制变量的估计结果，正如预期，*bondindex* 前面系数为负且十分显著。拟合优度也从 69.03%

表 4.2

稳健性检验

变量	(1) hksur	(2) hksur	(3) hksur	(4) engsur	(5) engsur	(6) hksur	(7) export_gap	(8) ussur
shibor	6.199*** (4.97)	2.886** (2.09)	-6.049*** (-3.15)	-0.116 (-1.04)	-0.968*** (-5.34)			-1.667** (-2.24)
usdlibor	-20.477*** (-11.91)	-28.081*** (-12.14)		-2.887*** (-21.07)				-18.417*** (-20.19)
m	0.283*** (9.23)	0.411*** (11.94)	0.419*** (8.90)	0.057*** (22.06)	0.057*** (12.92)	0.194*** (7.21)	0.063*** (3.59)	0.380*** (22.24)
bondindex	-41.262*** (-8.49)							
ussentindex		-0.125 (-0.43)						
dcpi		-2.883 (-0.63)						
addvalue		0.856 (0.96)						
dpound			49.130** (1.97)		3.460 (1.47)			

续表

变量	(1)	(2)	(3)	(4)	(5)	(6)	(7)	(8)
	hksur	hksur	hksur	engsur	engsur	hksur	export_gap	ussur
cnbond						18.213*** (6.26)	9.158*** (4.82)	
usbond						−49.269*** (−15.19)	−23.208*** (−10.95)	
常数项	352.559*** (17.29)	188.941*** (5.34)	143.016*** (14.48)	21.604*** (37.14)	17.037*** (40.82)	271.308*** (14.66)	73.028*** (6.04)	152.039*** (39.26)
观测值	228	228	228	228	228	180	180	228
拟合优度（%）	76.6	69.27	28.46	81.86	46.42	78.91	64.47	81.71

注：括号中为 t – 统计量，***、**、* 分别表示在 1%、5%、10% 的水平上显著。模型（5）的因变量为中国境内来自英国的顺差 engsur；模型（7）的因变量为出口缺口 export_gap；其他模型的因变量均为中国内地来自香港的顺差。涉及到进出口货值的数据单位均为亿美元。

增加到 76.6%。这一估计结果说明，来自中国香港的顺差中不只有以美元这一通用货币作为融资货币的隐蔽套息交易，还可能存在以其他货币作为融资货币的隐蔽套息交易行为。

本章在模型中引入其他的宏观经济变量（当月居民消费价格环比涨跌率 *dcpi*，规模以上工业企业增加值的当月同比实际增速 *addvalue*；美国消费者信心指标 *ussentindex*），以控制宏观经济的基本面对顺差的影响。模型（2）报告了考虑宏观经济变量之后的估计结果。如表 4.2 中模型（2）所示，引入这些变量并未使利率变量前面系数有显著变化，不过相比对 *hksur* 的估计结果，*shibor* 前面系数有所增加（从 2.496 增加到 2.886），显著性水平也有所提高（表 4.1 中第二列 *shibor* 前面系数在 10% 的水平下显著，表 4.2 中模型（2）*shibor* 前面系数在 5% 的水平下显著）。但是通过在模型中引入宏观经济变量并没有使拟合优度有显著提升，在表 4.1 中在对中国内地来自中国香港的顺差变量 *hksur* 进行估计中，拟合优度为 69.03%，而引入新的变量后拟合优度仅有较少提升，增加到 69.27%。所以，宏观经济变量的引入并不能改变上文的分析结论。

模型（3）使用英镑为期一个月的伦敦银行间同业拆借利率即 *pound* 替换 *usdlibor*。经单位根检验，*pound* 非平稳，所以对其进行差分处理，*pound* 的一阶差分 *dpound* 平稳。通过对模型（3）进行估计，本章发现 *dpound* 与来自中国香港的顺差具有很强的正相关性，与表 4.1 第二列的估计结果相比，*shibor* 前面系数为负，说明来自中国香港的顺差中，并没有英镑作为融资货币的隐蔽套息交易行为。事实上，在样本期内，英镑 LIBOR 即 *pound* 普遍高于 *usdlibor*，所以在人民币作为投资货币的条件下，以美元作为融资货币将比英镑作为融资货币获得更高的收益。在这一背景下，来自中国香港的顺差将只会对美元利率敏感，而对英镑利率不敏感。

根据中国海关信息网的数据，英国通常是中国境内的第三大顺差来源地，表 4.2 中的模型（4）估计了来自英国的顺差对人民币和美元利率变化的敏感性。结果显示，虽然 *usdlibor* 前面系数仍然为负，但 *shibor* 前面系数也为负且不显著，所以不能认为来自英国的顺差中存在以美元作为融资货币的隐蔽套息交易行为。进一步验证了如下结论：隐蔽的套息交易是通过特定的渠道进行，而且这一渠道更可能是通过中国内地与香港之间的贸易往来并对来自中国香港的顺差产生了显著的影响，而对其他来源地的顺差影响较小。模型（5）估计了来自英国的顺差 *engsur* 对 *shibor* 和 *dpound* 的敏感性，结果与模型（4）类似，*shibor* 前面系数虽然在 1% 的水平下显著，但是仍然为负；*dpound* 前面系数为正且不显著。这说明以美元作为融资货币的虚假贸易并未影响到来自英国的顺差，隐蔽套息交易行为主要通过中国内地与香港之间的贸易进行。

分别用中美两国的国债收益率替换人民币利率和美元利率预计将不会对上述结果产生影响，因为国债收益率也是利率水平，两者的关系与 *shibor* 和 *usdlibor* 之间的关系接近。模型（6）运用中美两国的十年期国债收益率分别替换 *shibor* 和 *usdlibor* 作为人民币和美元的利率变量进行估计，结果显示利率前面系数的符号与表 4.1 第二列的估计结果类似，美国十年期联邦政府证券收益率 *usbond* 前面系数在 1% 的水平下显著为负，而全国银行间债券质押式回购交易的加权平均利率 *cnbond* 前面系数在 1% 的水平下显著为正。模型（7）估计了出口缺口 *export_gap* 对国债收益率的敏感程度，结果类似模型（6），*usbond* 前面系数仍然在 1% 的水平下显著为负，同时 *cnbond* 前面系数在 1% 的水平下显著为正。模型（6）与模型（7）的估计结果说明人民币利率对来自中国香港的顺差或者出口缺口的作用是正向的，而美元利率水平对来自中国香港的顺差或者出口缺口的作用是负向的，这种作用无论是使用银行间同业拆借利率还是国债收益率进行估计都是一样的。

美国是中国境内的第二大顺差来源地，来自美国的顺差中有没有虚假贸易即隐蔽的套息交易行为呢？为了回答这个问题，模型（8）估计了来自美国的顺差对 *shibor* 和 *usdlibor* 变化的敏感性，结果类似模型

（4），*usdlibor* 前面系数显著为负，但 *shibor* 前面系数也为负，说明隐蔽的套息交易并没有对来自美国的顺差有显著影响，也进一步说明了虚假贸易可能只通过中国内地与香港之间的贸易往来进行。

综上所述，本章的稳健性检验说明，来自中国香港的顺差尤其是出口缺口中存在着在正常贸易的掩饰下进行的套息交易行为，这一行为通过把人民币作为投资货币、美元作为融资货币而获利。除了以美元作为融资货币，其他货币也有可能作为融资货币（从表 4.2 模型（1）可以看出）影响来自中国香港的顺差。但是，作为中国的另外两个主要的顺差来源地，隐蔽的套息交易并没能影响到来自美国或英国的顺差。即使使用国债收益率作为利率变量进行估计，上述结论也是成立的。

4.4 时间、企业类型的差异性分析

2005 年 7 月人民币汇率停止单一盯住美元，自此之后的几年里人民币开始渐进升值，在人民币和美元利差为正的背景下，以人民币为投资货币、美元为融资货币的人民币套息交易将获得正的收益。但是因为资本项目在中国境内存在一定的管制，直接进行持有人民币多头、美元空头的套息交易成本较高，但是这一利益动机可能驱动套息交易者通过虚假贸易从事投机活动。所以，很自然地可以推想，如果贸易失衡中果真存在隐蔽的套息交易，那么在汇改之后、人民币渐进升值的过程中，相比汇改之前，顺差或者出口缺口对人民币和美元的利率变化将会更加敏感。本节以 2005 年 7 月即人民币汇率开始升值时刻作为区分，将样本期分成两个时间段进行估计，考察汇改之后人民币和美元的利率水平对顺差或者出口缺口是否有更大的影响。同时，本节也将考察隐蔽的套息交易更易在哪种类型的企业层面出现，主要分外资（独资）企业、中外合

作经营企业、中外合资经营企业、外商投资企业、国有企业以及其他类型企业进行考察。

4.4.1　不同时间的影响

在理论上，人民币具有升值预期时，将有更多的投资者持有人民币的多头，在中国境内实行资本项目管制的背景下，通过虚假贸易渠道进行的人民币套息交易活动也将更加活跃。而从图 4.4 可以看出，2005 年7 月出口缺口趋向为正的时刻，正是人民币汇率开始走低的时刻。随着人民币利率上升或者美元利率下降，从事人民币套息的获利空间更大，在这种情况下利率变化对顺差或者出口缺口的影响将比汇率稳定时更大。所以，预计人民币具有升值预期时，利率变化对顺差或出口缺口的边际影响更大。于是，本节将 2005 年 7 月作为间断点，区分两个子区间：1996 年 1 月至 2005 年 6 月及 2005 年 7 月至 2014 年 12 月。表 4.3中第二列和第三列为汇改之前的估计结果，第三和第四列为汇改之后的估计结果。在回归中，除了利率变量及全国总的进出口差额对 *shibor* 和*usdlibor* 回归形成的残差 *m* 变量之外，还引入了三个宏观经济的控制变量，表 4.3 中也列出了各个宏观经济变量的系数值。

表4.3　　　　　　　　　　　　子区间检验

变量	1996 年 1 月至 2005 年 6 月		2005 年 7 月至 2014 年 12 月	
	hksur	*export_gap*	*hksur*	*export_gap*
shibor	− 1.073 *** (− 3.62)	0.574 ** (2.08)	21.267 *** (6.34)	10.172 *** (4.52)
usdlibor	12.431 *** (− 9.00)	6.354 *** (− 5.29)	− 24.444 *** (− 8.57)	− 11.577 *** (− 6.04)
m	0.350 *** (5.75)	0.099 * (1.96)	0.146 *** (2.83)	0.039 (1.06)

变量	1996 年 1 月至 2005 年 6 月		2005 年 7 月至 2014 年 12 月	
	hksur	*export_gap*	*hksur*	*export_gap*
ussentindex	0. 318 ** (2. 40)	0. 274 *** (2. 87)	2. 011 *** (6. 56)	1. 333 *** (5. 92)
dcpi	− 0. 566 (− 0. 69)	− 0. 098 (− 0. 12)	− 22. 282 ** (− 2. 02)	− 10. 829 (− 1. 38)
addvalue	1. 705 *** (4. 62)	0. 330 (1. 23)	− 0. 291 (0. 17)	− 1. 114 (− 0. 98)
常数项	51. 843 ** (2. 37)	− 40. 998 *** (− 2. 75)	− 50. 863 (− 1. 47)	− 106. 346 *** (− 4. 39)
观测值	114	114	114	114
拟合优度	73. 25%	44. 3%	70. 42%	54. 93%

注:括号中为 *t* - 统计量, ***、**、* 分别表示在 1%、5%、10% 的水平上显著。在估计中标准差根据戴维森和麦金农(Davidson & MacKinnon, 1993)的方法估计,当存在异方差时这一方法可以得到更好的估计结果。

由表 4.3 可以看出,正如前面分析,汇改之后相比汇改之前,无论是对来自中国香港顺差的回归还是对出口缺口的回归,利率前面系数的绝对值都有增大。在对来自中国香港的顺差的估计中,汇改之前人民币与美元利率前面的系数均在 1% 的水平下显著为负,来自中国香港的顺差与美元利率水平负相关,而与人民币利率水平也是负相关,说明在汇改之前来自中国香港的顺差尽管随美元利率水平上升而下降,但同时也随人民币利率水平上升而降低,说明来自中国香港的顺差中虚假贸易并不存在或并未对来自中国香港的顺差产生影响;然而在汇改之后的 2005 年 7 月至 2014 年 12 月,人民币利率水平前面系数由汇改前的 − 1.073 增加为 21.267,且在 1% 的水平下显著,同时美元利率水平前面系数仍然显著为负且绝对值几乎增加一倍,表明汇改之后来自中国香港的顺差随人民币利率水平的增加而上升,随美元利率水平的增加而下降,这一估计结果不仅说明来自中国香港的顺差在人民币开始升值之后对利率变得更加敏感，而且也说明来自中国香港的顺差中存在虚假贸易。

从对出口缺口的回归中可以看出，在汇改之前的 1996 年 1 月至 2005 年 6 月，出口缺口随人民币利率水平增加而增加、随美元利率水平增加而下降，人民币利率与美元利率前面系数分别在 5% 和 1% 的水平下显著，说明汇改之前出口缺口中已经存在隐蔽的套息交易；汇改之后的 2005 年 7 月至 2014 年 12 月，出口缺口对人民币利率水平更加敏感，虽然 2005 年 7 月之前出口缺口与人民币利率正相关，但系数只有 0.574 且只在 5% 的显著性水平上显著，而在汇改之后的样本期，人民币利率前面的系数值上升为 10.172 且在 1% 的水平上显著。而美元利率前面系数在汇改之前为 −6.354，在汇改之后的样本期变为 −11.577 且仍在 1% 的水平下显著。来自中国香港的顺差在 2005 年 7 月之前与人民币利率负相关，而之后与人民币利率正相关且十分显著；而出口缺口无论汇改前后都与人民币利率正相关、与美元利率负相关，这说明在汇改之前出口缺口中已存在隐蔽的套息交易，当时人民币相比美元的利率差异已经吸引了部分投机资本通过虚假贸易途径流入境内；而当汇改之后、人民币有升值趋势时，人民币作为投资货币的优势更加明显，所以出口缺口对人民币和美元利率的变化更加敏感，而且足够抵消其他因素对中国内地来自香港顺差的影响并在内地来自香港的顺差中反映出来。人民币和美元的利率水平对出口缺口的作用在人民币开始升值之前和之后表现出了相同的符号，说明隐蔽的套息交易更清楚、稳定地反映在了出口缺口上。消费者信心指标对来自中国香港的顺差和出口缺口也有显著为正的影响，而残差 m 变量及其他宏观经济变量并没有显示出显著且一致的影响。

图 4.6 报告了 1995 年 1 月至 2014 年 12 月期间来自中国香港的顺差、出口缺口及总顺差占中国内地 GDP 比例的变化情况。其中，GDP 为季度数据，计算中为与贸易数据可比，将 GDP 季度数据转换为月度数据，当季数据除以当季每个月份的中美汇率水平得到当月 GDP 的估值。

从图 4.6 可以看出，出口缺口占 GDP 的比例有上行趋势，尤其是在 2006 年左右这一比例逐渐为正。而中国内地来自香港的顺差占 GDP 的比例以 2006 年为界两边呈现对称性，虽然有所波动，但来自中国香港的顺差占 GDP 的比例的波动性显著低于总顺差占 GDP 比例的波动性。出口缺口占 GDP 的比例最近几年绝对值有逐渐缩小趋势。

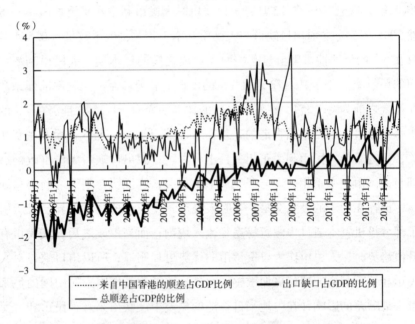

图 4.6　来自中国香港的顺差、出口缺口及总顺差占内地 GDP 的比例

资料来源：根据中经网统计数据库整理。

　　另外，现存文献认为应该考虑 2008 年金融危机的影响，所以，本章以雷曼兄弟公司破产作为分界线把总的时间区间分成金融危机前和危机后两个时间区间。同时，为了剔除其他因素的影响，分别取出口缺口与来自中国香港的顺差的比值（*wgaprate*）以及出口缺口与内地的总顺差（*wgap_rate*）作为因变量，分析人民币利率与美元利率所产生的影响。

　　为排除异常值的影响，出口缺口占来自中国香港顺差的比率与出口

缺口占总顺差的比率均对异常值进行了处理。其中，对于前者把变量在
1% 的水平下进行缩尾处理，对于后者把变量在 10% 的水平下进行缩尾
处理。表 4.4 的结果显示金融危机发生后，人民币利率水平对出口缺口
占比具有正向影响，而美元利率水平对出口缺口的占比具有负向影响。
人民币和美元利率对出口缺口占来自中国香港顺差的比率的影响比较显
著，对出口缺口占总顺差比率影响的显著性程度较弱。如果只是由于统
计误差，那么出口缺口值应该在 0 值附近，但这一变量在 2005 年 7 月之
后显著异于 0，其占总顺差的比例也与人民币和美元利率呈现特殊的关
系，这进一步说明了通过贸易渠道进行的虚假贸易的存在。尤其当金融
危机发生之后，利用虚假贸易进行的人民币套息的表现更加明显。

4.4.2　不同企业的影响

　　关于在资本项目管制和本币不能自由兑换的条件下"热钱"流入的
渠道，很多学者都认为最主要的通道是通过经常项目（唐旭和梁猛，
2007；陈卫东和王有鑫，2016）。而具体而言，唐旭和梁猛（2007）认
为"更为合理和全面的是投机资本通过外商投资企业的渠道流入国内"。
这种说法有其合理性，因为外商投资企业与境外母公司联系密切，在资
本转移及运作上比本土企业有更大优势。为实证检验何种类型的企业更
易从事隐蔽的套息交易行为，本节分外资（独资）企业、中外合作经营
企业、中外合资经营企业、外商投资企业、国有企业以及其他类型企业
（如集体企业）分别作计量回归。其中，来自各个类型企业的进出口差
额为因变量，数据来自中经网统计数据库①。在各个模型的估计中也包
括了其他的宏观经济变量，因为本章主要关注不同类型的企业对人民币

---

　　①　在中经网统计数据库中，"其他类型企业"作为一个单独类型，本章依此进行划分，
把"其他类型企业"作为一个独立变量统计。

表4.4　　金融危机前后利率的影响分析

变量	金融危机发生前				金融危机发生后			
	wgcaprate	wgap_rate	wgaprate	wgap_rate	wgaprate	wgap_rate	wgaprate	wgap_rate
shibor	-0.046*** (-4.17)	0.022 (1.10)	-0.081*** (-5.30)	-0.024 (-1.00)	0.047*** (5.42)	0.041 (1.59)	0.048*** (5.64)	0.049* (1.88)
usdlibor	-0.256*** (-10.86)	-0.307*** (-7.08)	-0.093*** (-3.33)	-0.087* (-1.94)	-0.069*** (-2.73)	-0.079 (-1.06)	-0.060** (-2.44)	-0.037 (-0.49)
m	0.006*** (12.43)	0.007*** (9.12)			0.0001 (1.40)	0.000** (2.31)		
常数项	0.667** (6.96)	0.463*** (-2.63)	0.022 (0.19)	-0.406** (-2.20)	-0.023 (-0.64)	-0.014 (-0.13)	0.020 (0.54)	-0.031 (-0.28)
观测值	152	152	152	152	76	76	76	76
拟合优度（%）	66.24	39.20	30.98	5.03	39.14	12.00	37.48	5.48

注：括号中为 $t-$ 统计量，***、**、*分别表示在1%、5%、10%的水平上显著。

和美元利率变化的反应，所以除残差变量系数外，其他宏观经济变量的系数并未列出。具体估计结果参见表 4.5。

表 4.5 中，*sole* 表示来自外资（独资）企业的进出口差额，*comanage* 表示来自中外合作经营企业的进出口差额，*jointventure* 表示来自中外合资经营企业的进出口差额，*foreign* 表示来自外商投资企业的进出口差额，*stateown* 表示来自国有企业的进出口差额，*others* 表示来自其他类型企业（如集体企业）的进出口差额。其中，外商投资企业净出口差额为外资（独资）企业、中外合作经营企业与中外合资经营企业数据之和。

1996 年 1 月至 2005 年 6 月之间，总体而言，通过贸易渠道进行的隐蔽的套息交易行为几乎不存在，因为除了国有性质的企业，人民币和美元利率对来自其他五种企业类型进出口差额的作用系数符号均相同——进出口差额随美元利率水平的上升而下降，同时随人民币利率水平的上升而下降。尽管来自国有企业的进出口差额与人民币利率水平正相关、与美元利率水平呈负相关，但对美元利率水平的敏感程度并不显著，所以并不能说明国有企业在人民币开始升值之前存在隐蔽的套息行为。

汇改之后的 2005 年 7 月至 2014 年 12 月之间，来自外资（独资）企业的进出口差额与人民币的利率水平正相关、与美元的利率水平负相关，这一结果说明与前文的预测一致，来自外资（独资）企业的进出口差额中的确存在通过虚假贸易进行的隐蔽的人民币套息交易行为。对来自中外合作经营企业的进出口差额进行回归的结果可以看出，人民币的利率水平与来自中外合作经营企业的进出口差额正相关，美元的利率水平与来自中外合作经营企业的进出口差额也是正相关，说明来自中外合作经营企业的进出口差额中不存在通过虚假贸易进行的人民币套息交易。对来自中外合资经营企业的进出口差额进行回归的结果可以看出，人民币的利率水平与来自中外合资经营企业的进出口差额负相关，美元的利率水平与来自中外合资经营企业的进出口差额正相关且在1%的水平

表 4.5　　　　企业性质与套息交易的回归结果

变量	sole	comanage	jointventure	foreign	stateown	others
	1996 年 1 月至 2005 年 6 月					
shibor	-0.885*** (-6.93)	-0.292*** (-11.35)	-0.776*** (-7.90)	-1.952*** (-9.74)	1.748*** (4.76)	-1.093*** (-4.09)
usdlibor	-3.852*** (-8.99)	-0.865*** (-10.01)	-4.342*** (-13.17)	-9.059*** (-13.45)	-0.135 (-0.11)	-9.843*** (-10.97)
m	0.229*** (14.67)	0.032*** (10.07)	0.205*** (17.06)	0.467*** (18.98)	0.179*** (3.98)	0.355*** (10.82)
常数项	53.191*** (7.72)	10.389*** (7.48)	39.164*** (7.39)	102.744*** (9.49)	19.180 (0.97)	48.449*** (3.36)
观测值	114	114	114	114	114	114
拟合优度（%）	70.56	80.89	79.18	82.17	68.00	72.80
	2005 年 7 月至 2014 年 12 月					
shibor	7.153*** (5.15)	0.131 (1.20)	-1.073 (-1.55)	6.211*** (3.87)	-26.391*** (-13.39)	18.883*** (7.82)
usdlibor	-7.432*** (-5.84)	0.118 (1.18)	1.992*** (3.14)	-5.322*** (-3.62)	24.007*** (13.30)	-37.726*** (-17.06)
m	0.176*** (11.15)	0.005*** (4.24)	0.085*** (10.76)	0.265*** (14.59)	0.124*** (5.57)	0.611*** (22.32)

续表

变量	sole	comanage	jointventure	foreign	stateown	others
			2005 年 7 月至 2014 年 12 月			
常数项	107.900***	11.031***	49.863***	168.793***	20.293	−18.780
	(6.54)	(8.51)	(6.06)	(8.86)	(0.87)	(−0.66)
观测值	114	114	114	114	114	114
拟合优度（%）	76.83	36.03	64.35	77.64	87.90	91.43

注：括号中为 t – 统计量，***、**、* 分别表示在 1%、5%、10% 的水平上显著。

资料来源：各类型进出口数据根据中经网统计数据库整理。

下显著，说明来自中外合资经营企业的进出口差额中也不存在通过虚假贸易进行的人民币套息交易。

但是从对来自外商投资企业的进出口差额进行回归的结果可以看出，来自外商投资企业的进出口差额与人民币的利率水平正相关且在1%的水平上显著，来自外商投资企业的进出口差额与美元的利率水平负相关且也在1%的水平下显著，说明来自外商投资企业的进出口差额中存在通过虚假贸易进行的人民币套息交易。因为外商投资企业净出口差额为外资（独资）企业、中外合作经营企业与中外合资经营企业数据之和，上述回归结果说明尽管来自中外合作经营企业或中外合资经营企业的顺差中并不存在隐蔽的套息交易，但受外资（独资）企业的影响，在外商投资企业，也可以看出通过虚假贸易渠道进行的人民币套息交易行为。不过，在其他性质的企业中这一现象同样值得关注，人民币和美元利率的变化对这些企业的进出口差额产生了更大的影响，人民币利率水平及美元利率水平前面系数绝对值比来自外资（独资）企业或外商投资企业的估计中系数绝对值要大，如在对外资（独资）企业进出口差额的估计中，人民币利率及美元利率前面系数绝对值约为7，而在对来自其他性质的企业的进出口差额的估计中，人民币利率前面系数为18.883且在1%的水平上显著，美元利率前面系数为-37.726且也在1%的水平上显著，利率系数t统计量的绝对值都远大于外资（独资）企业，而且拟合优度也更高，达到了91.43%。说明在其他性质的企业（如集体企业）中也存在通过虚假贸易渠道进行的人民币套息交易行为。

综合来看，人民币具有升值预期使得通过贸易渠道进行的人民币套息交易趋于显著，汇改之前的1996年1月至2005年6月，通过虚假贸易进行的人民币套息交易几乎不存在，而人民币开始升值之后，外商投资企业尤其在外资（独资）企业中出现了通过虚假贸易的套息交易行为，这一现象在其他性质（如集体企业）中也十分显著。

4.5　行业的差异性分析

本节根据 HS 分类法探讨 22 个行业的进出口差额对利率的敏感性，以分析哪些行业更易被投机者利用从而从事隐蔽的人民币套息交易活动。由"高报出口"形成的出口缺口中存在通过虚假贸易方式进行的套息交易活动，而这些作为套息交易媒介的商品必然具有易储存、保值的特性。为检验这一直觉，本节分别估计了 22 个行业的进出口差额占 GDP 的比例对利率以及残差变量的回归结果。贝塔系数估计结果如图 4.7 所示。其中，第 22 类行业全国总的出口额缺少 1995 年 3 ~ 6 月及 11 月和 12 月的数据，因为这些缺少的月份之前和之后的单个月份其值均

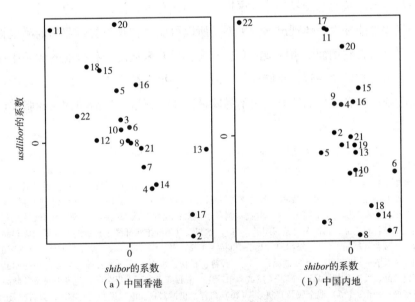

图 4.7　分行业检验的估计结果

注：各行业进出口差额的计算：各行业进出口差额 = 该行业出口额 - 该行业进口额。

资料来源：笔者根据中经网统计数据库整理。

为0，所以以0赋值。来自中国香港的进口额第1类和第19类行业数据缺失严重，所以未予考虑。另外，为使散点相对分散、不重叠，笔者对数值进行扩大或缩小十倍进行了处理，因为本节关注的是贝塔的符号，这样处理并不影响分析结果。

图4.7中圆点对应的数字代表第几类行业①，左图表示各个行业来自中国香港的进出口差额占GDP的比例对利率的敏感性，右图表示中国内地各行业总的进出口差额占GDP的比例对利率的敏感性。从检验的结果看，隐蔽的套息交易并未出现在第1类、第3类、第9类及第22类行业；人民币利率对其作用为正，且美元利率对其作用为负的行业有：第7、13、14及第21类行业。可以看出，人民币利率对进出口差额占GDP的比例的作用为正，且美元利率对进出口差额占GDP比例的作用为负的行业产品大多可以保值且易储存。值得注意的是，来自中国香港的顺差是通过虚假贸易进行隐蔽套息交易的主要渠道，而内地总的进出口差额由于总量的稀释作用可能并没有体现出这种关系。所以可能存在某一类行业的商品也被套息交易者利用而从事隐蔽的套息交易，但并未从内地各行业的顺差中体现出来。与预期一致，易储存、保值的商品更易被投资者利用，更可能作为隐蔽的套息交易的媒介；而不易储存行业的商品（如活动物或油脂类商

---

① 这些行业从第1类到第22类分别为：（1）活动物；动物产品；（2）植物产品；（3）动、植物油、脂及其分解产品；精制的食用油脂；动、植物蜡；（4）食品；饮料、酒及醋；烟草、烟草及烟草代用品的制品；（5）矿产品；（6）化学工业及其相关工业的产品；（7）塑料及其制品；橡胶及其制品；（8）生皮、皮革、毛皮及其制品；鞍具及挽具；旅行用品、手提包及类似品；动物肠线（蚕胶丝除外）制品；（9）木及木制品；木炭；软木及软木制品；稻草、秸秆、针茅或其他缔结材料制品；篮筐及柳条编织品；（10）木浆及其他纤维状纤维素浆；纸及纸板的废碎品；纸、纸板及其制品；（11）纺织原料及纺织制品；（12）鞋、帽、伞、杖、鞭及其零件；已加工的羽毛及其制品；人造花；人发制品；（13）石料、石膏、水泥、石棉、云母及类似材料的制品；陶瓷产品；玻璃及其制品；（14）天然或养殖珍珠、宝石或半宝石、贵金属、包贵金属及其制品；仿首饰；硬币；（15）贱金属及其制品；（16）机器、机械器具、电气设备及其零件；录音机及放声机、电视图像、声音的录制和重放设备及其零件、附件；（17）车辆、航空器、船舶及有关运输设备；（18）光学、照相、电影、计量、检验、医疗或外科用仪器及设备、精密仪器及设备；钟表；乐器；上述物品的零件、附件；（19）武器、弹药及其零件、附件；（20）杂项制品；（21）艺术品、收藏品及古物；（22）特殊交易品及未分类商品。

品）不会作为隐蔽的套息交易的媒介，也没有在经验证据中显示出来。

4.6　本章小结

本章主要回答了中国的贸易顺差中是否存在隐蔽的套息交易行为，以及这种隐蔽的套息交易通过何种贸易渠道发生等问题。本章主要使用 1996 年 1 月至 2014 年 12 月的月度数据，根据阿查里亚和斯特芬（2015）的方法，估计人民币和美元利率对顺差和出口缺口的不同作用。通过分析识别哪种类型的企业易于从事隐蔽的套息交易，以及虚假贸易主要发生在哪些行业。

实证结果表明，近些年，来自中国香港的顺差尤其是出口缺口中存在着显著的人民币套息交易行为。具体来说，2005 年 7 月人民币开始升值之后，人民币作为投资货币的套息交易能获得较高收益，但因为内地资本项目存在管制，直接进行人民币套息的成本较高，所以有很多资本通过虚假贸易的渠道流入内地。通过检验发现，隐蔽的套息交易主要是外资（独资）企业以及其他性质的企业（如集体企业）通过易储存、保值行业的商品以高报出口的方式进行，而其他性质的企业比外资（独资）企业对利率的作用更加敏感。但是，这些隐蔽的套息交易活动对内地总的贸易顺差产生的影响有限。

本章的研究结论对理解中国的贸易失衡具有重要的政策含义。政策层在判断"热钱"流入时，需要充分关注通过贸易渠道进行隐蔽人民币套息交易的存在，在鼓励正常的进出口贸易的同时，积极改善国内投资环境，引导资本流向生产经营领域。而在管制虚假贸易时，应重点关注从事易储存、保值商品行业的外资（独资）企业。本章重点检验通过经常项目进行的套息交易是否存在，但是具体到企业内部隐蔽的套息交易具体如何运作、机制怎样，仍有待进一步探讨。

第5章 国际资本流动与大宗
商品市场套息

通过从彭博数据库搜集 1980 年 1 月 1 日至 2015 年 12 月 31 日的日度数据，对 24 种商品分成金属、能源和农业类，本章研究了商品市场的流动性特性及流动性风险与商品套息收益之间的关系。首先，商品市场存在显著的流动性共性，且无论在哪一类商品市场，在流动性较差的月份 HML 商品套息资产组合可以获得更高的收益。其次，采用了两种计算非流动性溢价的方法：一种是通过构造资产组合 IML，另一种是通过估计非流动性对各类商品套息组合 HML 的影响。结果显示，金属类商品的非流动性溢价为正、能源类商品的非流动性溢价为负，而农业类商品的非流动性溢价不确定。最后，农业类商品一般具有正的风险溢价，而金属类商品的风险溢价倾向为负；从不同的商品类别来看，流动性较差的商品通常风险溢价为正，而流动性较好的商品通常风险溢价为负，所以流动性较好的商品具有更好的避险功能。

5.1 大宗商品市场研究背景

国际大宗商品尤其是贵金属和能源类商品是各国经济发展和社会稳定不可或缺的重要战略物资。近年来，大宗商品不仅作为一种原材料，作为一种投资性资产也引起了人们的广泛关注。大宗商品不仅与实体经济联系紧密，与天气、自然灾害甚至政治活动也关系密切，如 2016 年美国大选当晚，从特朗普的选票领先开始，作为避险商品的黄金价格大涨，而原油的价格大幅下跌。事实上，大宗商品市场是仅次于外汇市场的另一个重要的国际化金融市场。随着大宗商品市场的逐步开放，中国参与大宗商品市场的投资者将越来越多。所以，研究商品套息的影响因素，并分析流动性与商品套息收益之间的关系有重要的现实意义。然而，从投资性资产的角度研究商品市场的相关文献不是很多。

关于市场流动性的研究主要集中在股票和债券市场，不过，近年来，关于外汇市场流动性的相关研究也逐渐增多，如曼西尼等（Mancini et al.，2013）对外汇市场的流动性进行了系统性的研究。他们为了检验流动性风险是否对外汇市场的套息交易产生影响，除了市场风险因子之外，他们还引入了流动性风险因子。结果显示，在样本期内，流动性风险对套息收益具有显著影响，这说明流动性风险是决定货币收益的重要定价因素。阿米胡德等（Amihud et al.，2015）区分了股票的非流动性特性（非流动性水平）与非流动性风险的影响，他们发现无论是否经过风险调整，非流动性溢价均显著为正。班蒂等（Banti et al.，2012）构造了一个测度外汇市场流动性风险的方法，并证明流动性风险在外汇市场每年大约有 4.7% 的溢价。布伦纳迈尔等（Brunnermeier et al.，2008）强调了流动性在外汇市场的重要性。无论是对冲风险还是进行投机交易，对商品期货市场的交易者而言，商品市场流动性的下降都会影响融资成本，进而增加展期风险，并可能削弱对冲策略。所以，商品市场流动性对套利交易来说至关重要，它促使商品价格不至于太过偏离其基本价值，并保证了市场效率。不过，关于商品流动性及其影响的研究较为鲜见，本章主要关注了商品市场上的流动性与套息收益之间的关系。

套息交易在外汇市场是比较流行的一种投机策略，通过从低利率国家借入货币以投资到高利率货币，这一策略为何能持久地保持高收益也是很多学者关注的焦点，所以有很多文献都是关于外汇市场的套利行为。然而，研究商品市场投机行为的相关文献却不是很多。这其中，阿查里亚等（Acharya et al.，2013）构建了一个理论模型把商品的期货价格、现货价格与投机者的套利约束联系起来。该模型说明由于投机者存在资本约束，商品生产者总的对冲行为将压低商品期货价格，这一价格影响也是一种对冲成本，并会在厂商的权益价值中体现出来。最终，厂商会减少存货，所以现货价格也会降低。他们用违约风险作为商品生产者基本对冲需求的代理变量，同时从经验上证明了金融市场上的套利约束确实产生了实际的影响。曼西尼等（2013）研究发现，在市场动荡期间外汇的不流动性导致超过 25% 的损失。施莱弗和维希尼（Shleifer & Vishny，1997）也认为市场流动性对套利交易来说十分重要，因为流动性保证了价格不至于偏离基本价值太远并促进了市场的有效性。考虑到商品投资的流行及其多样化的收益，对商品套息与商品市场流动性的关系进行研究就显得十分重要。然而，从商品流动性角度研究商品市场套利交易的相关文献甚少，忽视商品市场的流动性曾导致"不凋之花"（Amaranth）对冲基金损失了 60 多亿美元。2006 年 9 月中旬，总部位于美国康涅狄格州格林威治小镇的大型多策略对冲基金"不凋之花"基金在纽约商业交易所（NYMEX）天然气期货合约上建立的巨量套利头寸，因天然气期货价格大幅下跌而巨亏[1]。

在国际商品贸易中，很多套息交易需要借助于商品，尤其是当某一国存在资本流入或流出管制的时候。此时，套息交易者通过选择特定的商品从事隐含的套息交易，从而可以在一定程度上规避资本管制。不同商品的流动性水平也必然是套息交易者考虑的因素之一，流动性强、易储存的商品因为其容易转手可能更容易受到投资者青睐。但是，当整体

---

① 对冲基金交易员一月巨亏 60 亿美元［EB/OL］. 新浪财经，2014 - 07 - 25. http：//finance. sina. com. cn/world/20140725/000919811403. shtml.

的商品市场流动性发生变化时，投资于流动性强的商品与投资于流动性差的商品所得到的回报可能会有所不同，这种不同对投资者的选择至关重要，从而也会深入影响国际贸易平衡。有很多研究认为我国的贸易顺差中可能存在通过虚假贸易进行的"热钱"流入行为（如潘敏和唐晋荣，2015）。张定胜和赵文霞（2015）的研究对此进行了证实，通过检验来自中国香港的顺差和出口缺口对利率的不同反应，他们认为我国的国际贸易顺差中存在通过虚假商品贸易进行的隐蔽套息交易行为。

　　本章致力于研究商品市场的流动性与商品市场上的套息交易之间的关系，通过从彭博数据库搜集 1980 年 1 月 1 日至 2015 年 12 月 31 日商品期货的日度数据，首先，采用科珍等（Koijen et al.，2013）的方法计算商品的套息收益，通过与科珍等（2013）的计算结果进行对比，发现能源类商品的套息收益一般为正，而农业类商品的套息收益则一般为负，金属类商品的套息收益较不确定。从收益的波动性上看，农业类商品套息收益的波动性较大，而金属类商品的波动性较低。其次，采用了一系列测度商品流动性的指标——有效价差、报价价差、根据阿米胡德（2002）计算的价格影响变量以及 *Amivest* 比率来衡量各个商品的流动性以计算商品市场的流动性共性，发现商品市场存在显著的流动性共性。流动性共性的存在意味着商品市场的流动性很大程度上是由意外冲击所驱动，这些冲击同时影响了整个商品市场，而非仅仅局限于单个商品。所以，可以用简单的均值化的方法得到市场范围的流动性。

　　由于不同的商品之间差别很大，本章把商品分成金属、能源和农业三类，同时把样本区间分成四组。其中，第一组包括各类商品市场流动性最好的月份，第四组包括各类商品市场流动性最差的月份。本章发现随着各类商品市场流动性的降低，各类商品的 HML（High-Minus-Low）套息资产组合收益有上升趋势，尤以金属类商品的表现较为显著，在流动性最差的月份，金属类 HML 套息组合的收益最高。为分析流动性特性对商品套息收益的影响，本章采用了两种计算非流动性溢价的方法：

一种是通过构造资产组合 IML（Illiquid-Minus-Liquid），即流动性最差商品的套息收益与流动性最好商品的套息收益之差；另一种是通过估计非流动性对各类商品套息组合 HML 的影响。结果显示，金属类商品的非流动性溢价为正、能源类商品的非流动性溢价为负，而农业类商品的非流动性溢价不确定。流动性特性的定价与流动性风险的定价并不相同，为深入分析商品流动性与套息收益之间的关系，本章也具体研究了流动性风险对各类商品套息收益的不同影响。本章发现，农业类商品一般具有正的风险溢价，而金属类商品一般具有负的流动性风险溢价。对于同类商品，流动性特性不同，非流动性贝塔也有所不同。流动性较低的商品通常具有较高、正的流动性贝塔系数；而具有较高的流动性的商品，其贝塔系数通常为负。因为流动性差的商品期货在市场危机时表现较差，所以投资者需要较高的回报；而投资者愿意接受流动性较好的商品的较低回报，因为它们在市场危机时可以提供一定的防护。

5.2　关于大宗商品市场的文献回顾

本章重点关注商品套息交易的收益及商品市场流动性对商品套息收益的影响。而流动性共性一直被视为流动性研究的焦点之一。流动性共性是指不同商品流动性水平的共变性。流动性共性如果存在则说明外部冲击同时影响着整个商品市场，而非仅对单个商品造成影响。商品市场流动性共性的存在同时也说明商品可以作为一种资产。关于商品市场流动性的文献，最具代表性的是马歇尔等（Marshall et al.，2012），他们检验了测度商品流动性的各种代理变量。他们发现测度价格影响的代理变量 *Amihud* 与用高频数据计算的基准流动性具有最大程度的相关性，同时 *Amivest* 及 *Effective Tick* 与基准流动性水平也具有较高的相关性。所以，他们认为研究者如果有交易量的数据应该使用 *Amihud* 或同时使用上述三个变量来计算商品的流动性水平。

关于套息交易的现有文献几乎都是基于外汇市场（赵文霞、张定胜，2014），尽管大宗商品市场也十分重要，但是很少有文献研究商品市场的套息收益及其影响因素。因为不同国家的利率差别明显，所以由两国利差导致的套息交易在外汇市场也就更易引起关注。在外汇市场套息交易的研究方面，众多学者致力于检验非抛补利率平价是否成立，并解释经验研究与这一理论的普遍偏离（Menkhoff et al.，2012a；Burnside et al.，2011b）。而研究资产收益的相关文献也都是基于所关注的资产类别分别进行研究，如格里芬等（Griffin et al.，2003）以及科珍和纽韦尔伯格（Koijen & Nieuwerburgh，2011）研究了国际权益市场的回报；伊尔曼（Ilmanen，1995）以及巴尔和普里斯特利（Barr & Priestley，2004）关注了不同国家的政府债券；阿查里亚等（2013）以及洪和余吴（Hong & Yogo，2012）重点关注了商品的收益情况。

上述文献都是基于单个资产或市场进行研究，而科珍等（2013）认为套息交易与收益之间的关系并不仅局限于外汇市场，套息交易也可以应用于商品、信贷及期权等其他类型的资产。通过使用总的流动性与总的波动性风险指标，他们也对不同类型资产的套息收益与流动性风险和波动性风险之间的关系进行了分析，结果发现，在流动性较差或者波动性较大的时候，套息交易策略会导致损失，即存在一个显著的风险价格。不过，他们在检验不同类型的资产与流动性和波动性风险之间的关系时，对所有资产都采用了同样的风险测度指标。而本章认为，不同市场上的流动性水平存在异质性，对商品市场采用与外汇市场或股票市场一样的流动性指标可能无法准确分析商品套息与流动性风险之间的关系，毕竟商品期货市场上的价格变动与不同商品自身的特性密切相关。另外，许多研究外汇市场的套息交易与市场波动性之间的关系，或套息交易与流动性风险之间关系的相关文献，在对市场波动性或流动性进行测度时，也都是基于汇率的变动或不同货币的流动性指标（Menkhoff et al.，2012b 及 Mancini et al.，2013）。所以，本章对商品市场流动性的分析并没有采用这种总体的市场流动性指标，而是对商品进行分类，分析各类商品的流动性与商品套息收益之间的关系。

在金融学理论中，未预期到的较高波动性一定对应着一个波动性风险溢价。受此启发，很多文章研究了市场波动性风险在股票市场中如何定价（Ang et al.，2006；Adrian & Rosenberg，2008）。费尔南德斯—佩雷斯等（Fernandez-Perez et al.，2017）说明了基于交割延期风险因子的定价模型可以在很大程度上解释股票投资组合的收益。帕斯托尔和斯坦博（Pástor & Stambaugh，2003）认为市场流动性是在普通股票的定价中很重要的一个变量。阿查里亚和佩德森（Acharya & Pedersen，2005）在一个简单的均衡模型中，阐述了流动性风险影响资产价格的各种可能途径。李（Lee，2011）则从经验上检验了阿查里亚和佩德森（2005）经流动性调整的资本资产定价模型。法玛和法兰奇（Fama & French，1987）证明期货价格和现货价格的差别取决于利率和便利收益率的周期性。厄尔布和哈维（Erb & Harvey，2006），戈顿和卢文赫斯特（Gorton & Rouwenhorst，2006）以及戈顿等（Gorton et al.，2012）的研究都说明商品期货的风险溢价由存货水平及期货和现货价差决定。

目前为止，已经有很多重要的文献研究了套息收益的影响因素，如卢斯蒂格等（2011）曾对国际权益市场上的波动性进行研究；门霍夫等（2012a）研究了外汇市场的波动性；卢斯蒂格和韦德尔汉（Lustig & Verdelhan，2007）则关注了总的消费增长风险。与以上这些因素相比，流动性也是一个重要的影响因素，门霍夫等（2012a）以及曼西尼等（2013）都曾对外汇市场套息交易的流动性风险进行过研究。门霍夫等（2012a）认为波动性风险对外汇套息收益的影响比流动性风险对外汇套息收益的影响更大。曼西尼等（2013）测度了外汇市场的流动性水平，并分析了不同货币对流动性变化的不同反应，同时检验了流动性风险因子的价格。布雷顿和维塔利（Breedon & Vitale，2010）认为如果经销商持有非意愿存货，那么资产组合的调整将会暂时导致流动性风险溢价。伯杰等（Berger et al.，2008）在研究订单流与汇率变动的同期关系后，证实了流动性的重要作用。如果套息交易应用于商品市场仍然可行，那么必然需要知道哪些因素影响了商品的套息收益。而考虑到商品与货币在流通上的显著不同，商品流动性是否同样深刻影响着商品市场的套息交易行为呢？

　　流动性在不同市场上的影响可能不同，很多文献分别基于不同市场中流动性的影响进行过研究。纳拉扬和郑（Narayan & Zheng，2010）以中国股市为例，在一个考虑金融市场异象的指令驱动型市场模型中，考察了市场流动性风险因子对股票收益的影响。萨德卡（Sadka，2010）则认为理解系统的流动性差异在评价对冲基金表现上具有重要意义。林等（Lin et al.，2011）检验了企业债券流动性风险的定价，他们发现流动性风险是预期企业债券收益的一个重要决定因素。马丁内斯等（Martínez et al.，2005）的研究结论显示系统流动性风险在西班牙股市中具有显著的定价能力。邦加茨等（Bongaerts et al.，2011）构建了一个考虑流动性风险的资产定价模型，通过在信用违约互换市场（CDS）进行检验，他们发现流动性风险具有显著但很微弱的影响。

　　流动性的高低对预期收益的影响被称为流动性溢价，流动性风险对预期收益的影响被称为流动性风险溢价。关于股票流动性特性的定价与流动性风险的定价在研究方法上的不同可以参见丹尼尔和提特曼（Daniel & Titman，1997）的讨论。对美国来说，阿米胡德和门德尔松（Amihud & Mendelson，1986），布伦南和苏拉曼亚姆（Brennan & Subrahmanyam，1996）以及阿米胡德（2002）研究了非流动性特性的影响；帕斯托尔和斯坦博（2003）以及阿查里亚和佩德森（2005）研究了非流动性风险的影响；李（2011）在全球范围内考察了非流动性风险的定价。资产的流动性对投资者来说意义重大——投资者需要一个收入溢价以补偿资产的非流动性。不过，相关的证据都是以美国为中心进行验证。阿米胡德等（2015）研究了全球范围的非流动性溢价，控制了风险因素和企业特征之后，他们发现来自 45 个国家的样本数据都显示非流动性回报的溢价为正。海斯特罗默等（Hagströmer et al.，2013）发现，对美国来说，流动性的溢价高于非流动性溢价。在另一个回报—流动性关系的研究体系里，贝卡尔特等（Bekaert et al.，2007）在阿米胡德（2002）的研究基础上，以时间序列数据分析了市场流动性冲击和市场回报之间的关系，他们发现"未预期到的流动性冲击与同期的收益冲击正相关"。

综上所述，以往关于套息交易的研究几乎都是基于外汇市场，而科珍等（2013）发现套息交易也可以应用于商品市场。关注商品市场的套利行为，本章首先通过实证检验确定商品是否可以作为一种资产，分析商品的流动性共性是否存在。其次，考察非流动性特性及非流动性风险对商品套息收益的影响。最后，在综合以往研究的基础上，通过搜集1980 年 1 月至 2015 年 12 月的国际商品市场的日度数据，把 24 种商品分成三类，分别分析农业、能源及金属类商品的套息收益。本章的研究区分了非流动性作为一种特性与非流动性风险之间的关系，考察两者对农业、能源及金属类商品套息收益的不同影响。

5.3　国内与国际大宗商品套息收益的比较

5.3.1　套息收益计算

本节着重分析经验研究部分所使用的数据，计算单个商品的套息并构建相应的商品套息收益资产组合，并根据基本的描述性统计分析商品套息交易的回报。

商品的套息收益借鉴科珍等（2013）的思路计算。科珍等（2013）把资产的收益分解为三个部分：套息、预期到的价格升值以及未预期到的价格升值。同时，他们给九种不同类型的资产定义了一致的套息计算方式。其中，商品套息的计算公式可以表示为：

$$C_t = \frac{S_t - F_t}{F_t} \qquad (5.1)$$

为计算上式，需要获得商品当期的期货价格 F_t 及当期的现货价格 S_t。然而，因为商品现货市场通常高度不流通及商品现货净价通常不可得，所以科珍等（2013）使用了另一种期货价格的数据来代替当期现货价格。马歇尔等（2012）也认为，被媒体广泛报道的商品期货数据比现货数据更应该用来计算主要的商品指数；伯南克（Bernanke，2008）也说明商品的期货价格包含了对政策制定者有价值的信息。所以，本章并非通过计算现货价格与期货价格的斜率得到商品的套息收益，而是通过计算不同到期日的两个期货价格的斜率得到商品的套息收益。具体而言，比较两种不同期货合约的价格差异，即比较临近到期的商品期货合约的价格与同种商品次临近到期的期货合约的价格差异。假设还有 T_1 个月临近到期的商品期货价格为 $F_t^{T_1}$，还有 T_2 个月的次临近到期商品期货价格为 $F_t^{T_2}$，其中，$T_2 > T_1$。所以，持有第二个、次临近到期商品期货合约的套息收益（假设 $F_t^{T_1}$ 不变且 $F_t^{T_2}$ 在 $T_2 - T_1$ 个月之后收敛到 $F_t^{T_1}$）可以用下式表示：

$$C_t = \frac{F_t^{T_1} - F_t^{T_2}}{F_t^{T_2}(T_2 - T_1)} \qquad (5.2)$$

为了计算月度的套息收益，上式在分母部分扣除了两种商品期货之间的时间差异 $T_2 - T_1$。

5.3.2 数据

本章使用的商品期货数据来源于彭博数据库，数据区间从 1980 年 1

月1日到2015年12月31日。本章使用的样本包括24种商品：6种能源类商品（布伦特原油、汽油、WTI原油、RBOB汽油、取暖用油以及天然气）；11种农业和畜牧类商品（棉花、咖啡豆、可可、糖、大豆、堪萨斯小麦、玉米、小麦、瘦猪肉、育肥牛与活牛）以及7种金属类商品（金、银、铝、镍、铅、锌与铜）。之所以选择此24种商品，是因为科珍等（2013）给出了这些商品期货在彭博数据库中的相应指令，能使本章的研究相应简化许多。尽管经验分析部分基于月度数据，但是所有的月度数据都是基于作者初始得到的日度数据计算而来。

除5种金属类商品之外，其他商品的套息收益均由一个月与两个月到期的商品期货价格根据式（5.2）计算而来。而铝、镍、铅、锌以及铜5种金属类商品，只有即期及3个月到期的期货合约，按照科珍等（2013）的做法，选取即期与三个月到期的期货价格构造上述5种金属商品的套息收益。各个商品相应的套息收益列于表5.1。为比较国际与国内商品套息收益的差异，表5.1同时列出了根据国内商品期货数据计算出来的套息交易绩效水平。

表 5.1   **各个商品的套息收益**

商品类别	样本起始时间	套息收益均值	套息收益方差	根据国内商品计算的套息收益（方差）	科珍等（2013）计算的收益（方差）
布伦特原油	1988年6月	0.59	3.07		0.8（5.4）
汽油	1989年7月	0.61	3.43		2.7（5.3）
WTI原油	1983年4月	0.44	3.82	2.57（2.92）	1.5（7.0）
RBOB汽油	2005年10月	0.51	2.18		-2.1（9.8）
取暖用油	1986年7月	0.09	3.25		-0.3（8.3）
天然气	1990年4月	-4.55	5.40		-26.6（21.3）
棉花	1980年1月	-0.78	9.17	0.003（3.27）	-3.8（7.2）
咖啡豆	1980年1月	-2.44	7.44		-4.8（5.0）
可可	1980年1月	-3.12	3.91		-6.5（3.4）

商品类别	样本起始时间	套息收益均值	套息收益方差	根据国内商品计算的套息收益（方差）	科珍等（2013）计算的收益（方差）
堪萨斯小麦	1980 年 1 月	-1.23	5.64		-8.7 (3.2)
玉米	1980 年 1 月	-4.14	5.82	-2.30 (6.83)	-10.2 (5.3)
小麦	1980 年 1 月	-3.94	6.53	-0.26 (0.52)	-8.5 (5.7)
糖	1980 年 1 月	-2.56	9.55	3.89 (9.02)	-2.8 (6.1)
大豆	1980 年 1 月	-0.64	3.63	-8.06 (10.62)	-2.4 (5.6)
瘦猪肉	1986 年 5 月	-2.06	7.74		-14.3 (19.8)
育肥牛	1980 年 1 月	0.55	2.81		-1.6 (4.6)
活牛	1980 年 1 月	0.79	4.45		-0.2 (6.1)
金	1980 年 1 月	-1.77	1.38	-0.45 (0.71)	-5.3 (1.1)
银	1980 年 1 月	-2.47	1.99	-0.42 (0.94)	-6.1 (1.8)
铝	1987 年 9 月	-0.60	1.78	-0.71 (2.66)	-5.0 (1.5)
镍	1987 年 6 月	0.45	2.20		0.4 (2.5)
铅	1987 年 1 月	-0.07	1.93	-0.47 (2.74)	-0.7 (2.7)
锌	1989 年 1 月	-0.61	1.39	-1.51 (2.43)	-4.7 (2.0)
铜	1986 年 4 月	0.83	1.98	2.72 (5.16)	4.3 (3.4)

　　国内的商品数据来自万德资讯，所以，其时间区间与第二列从彭博数据库搜集到的商品数据并不一致。国内的商品数据均截至 2016 年 8 月 10 日，各个商品起始日期各不相同。糖对应的国内商品为白砂糖，该数据起始于 2011 年 6 月 9 日；黄金起始于 2008 年 1 月 9 日；铜起始于 2003 年 7 月 24 日；铝起始于 2003 年 7 月 24 日；铜、铝都是采用期货收盘价（连三）的数据。镍的数据从 2015 年 3 月才开始，区间较短，所以本章并未计算镍的套息收益及其标准差；白银的数据始于 2012 年 5 月 10 日；锌的数据始于 2009 年 6 月 18 日；铅的数据始于 2011 年 3 月 24 日，因为铝只有期货收盘价数据，所以铝使用的是期货收盘价格数据进行计算；WTI 原油对应国内的燃料油，该数据始于 2011 年 3 月 24 日，燃料油现货价格数据采用的是 20 号燃料油的含税价格数据，该数据为

周数据。玉米的数据始于 2013 年 1 月 21 日，现货结算价格数据为产自丹东 BOCE 玉米的数据。小麦对应的国内商品为普麦，该数据始于 2012 年 1 月 17 日，期货数据为普麦的期货结算价，现货价格采用了小麦的现货平均价格数据；棉花数据始于 2011 年 10 月 20 日，现货结算价格的数据为华东 BOCE 棉花现货结算价格数据。大豆的数据始于 2009 年 1 月 4 日，现货价格为大豆的平均价格数据。上述国内商品期货价格数据如果没有特殊说明均指活跃合约期货结算价格。表 5.1 中，套息收益均值指各商品累积套息收益年度平均值。国际商品的套息根据式（5.2）计算，而因为国内商品数据来源有限，所以国内商品套息根据式（5.1）计算而来。

由表 5.1 可见，除了天然气之外，能源类商品的套息收益一般为正（6 种能源类商品中，5 种商品的套息收益为正，概率为 83.3%），而农作物类商品的套息收益一般为负（8 种农作物类商品均为负，概率为 100%），金属与畜牧类商品的套息收益较不确定。从收益的波动性上看，农业类商品套息收益的波动性较大，而金属类商品的波动性较低。表 5.1 的结果显示，本章从彭博数据库搜集商品数据计算的套息收益与科珍等（2013）计算的结果有一些出入，这主要是因为样本区间的选取不同。本章计算的商品套息收益截至 2015 年 12 月 31 日，而科珍等（2013）计算的日期截至 2012 年 9 月；另外，本章计算商品套息的起始日期也均早于科珍等（2013）的起始日期。例如科珍等（2013）在计算布伦特原油与汽油的套息收益时采用的数据均始于 1999 年 2 月，而本章分别采用自 1988 年 6 月及 1989 年 7 月的数据计算两者的套息收益。

表 5.1 中，比较国内商品的套息收益与国际商品的套息收益可以发现，与国际金属商品的套息绩效类似，国内金属商品的套息收益也一般为负（6 种金属类商品中，5 种为负，概率为 83.3%），且国内金、银套息收益的波动性比国际市场低，但国内铝、铅和锌的套息收益波动性比

国际市场高。另外，无论是国内还是国际商品市场，铜的套息收益都是正向的，不过国内铜套息收益的波动性较高。农业类与能源类商品中，相比国际市场，在国内的商品市场中大豆的套息收益低于国际市场，而波动性大于国际商品市场，其他类型的商品套息如糖、小麦、玉米、棉花及燃料油的套息收益高于国际商品市场，但除玉米外波动性并没有显著上升。因为国内商品数据的时间区间较短，一般只有最近几年的数据，所以本章对商品流动性与套息收益的经验分析都是基于国际商品市场的数据。

考虑到各类商品具有不同的特点，本章把所有 24 种商品分成三类：金属类、能源类及农业类商品，根据各类商品分别构建了商品市场套息资产组合。资产组合的构建借鉴了卢斯蒂格等（2011）及门霍夫等（2012a）的方法。具体而言，在样本期的每个月对各类商品依照其套息收益进行排序，保留收益最大和最小的两种商品。对每一类商品，第一组均表示收益较低的商品组合，第二组均表示收益较高的商品组合，HML 则表示第二组商品组合与第一组商品组合之差。通常来说，并不是每个月可用的商品量都是一样的，因为每种商品的可选用样本区间不同（如表 5.1 所示）；即使起始时间一样，在某个特定月份某种商品也可能缺失数据，所以从 1980 年 1 月到 2015 年 12 月每个月份商品的数量并不相等。为此，本章在构造各类商品的套息交易时，舍去只有一种商品数据的月份；如果在特定月份只有两种或三种商品的数据，则收益最大和最小的组分别包含一种商品；如果有四种商品的数据，则两组分别包含两种商品；如果五种及以上商品的数据可用，则收益最大和最小的组各包含两种商品。

由表 5.2 中各类商品套息绩效的比较可见，对每一类商品，HML 资产组合都可以获得较高的收益。农业类 HML 资产组合的收益在三类商品中最高，尽管其标准差也最高，但是农业类商品 HML 资产组合的夏普比率也较高，达到 1.92；其次是能源类商品 HML 资产组合，其夏普比率为 1.36；金属类商品 HML 资产组合的夏普比率较低，仅有 0.98。农业类商品的 HML 资产组合的峰度较高。一般而言，无论对哪一类商品，组合 1 的收益为负且具有负的偏度，说明组合 1 容易遭受崩盘风险。而组合 2 的收益为正且偏度为正。这一结果与外汇市场 HML 资产组合的偏度呈现相反的特性。门霍夫等（2012a）对货币依照其套息收益进行排序，并分成五组。其中，第一类资产组合包含套息收益最低的商品组；第五类资产组合包含套息收益最高的商品组。门霍夫等（2012a）的结果显示收益较高的货币资产组合倾向于具有负的偏度。随着收益的增加，第二至第五类货币资产组合的偏度为负，且绝对值逐渐增加。综合来看，表 5.2 的描述性统计告诉我们，商品套息交易的收益可能并不支持崩盘风险的解释。

表 5.2　　　　　　　　　　**各类商品市场套息资产组合及其绩效**

资产组合	月均收益（%）	标准差（%）	偏度	峰度	夏普比率
金属类					
1	-1.08304	0.95165	-7.015977	88.93955	-1.138065465
2	0.15797	1.27756	1.539293	9.917943	0.12364977
HML	1.24101	1.26533	3.158073	17.59164	0.980779718
能源类					
1	-1.67619	2.3442	-1.03645	6.4019	-0.715037113
2	1.43705	2.35399	2.242375	11.64337	0.610474131
HML	3.11325	2.29503	1.940003	8.55173	1.356518215
农业类					
1	-4.82753	2.03221	-1.280828	5.428572	-2.375507452
2	4.39031	4.53816	5.859893	64.44493	0.967420717
HML	9.21784	4.7914	4.820238	49.72249	1.923830196

5.4 国际商品市场流动性

5.4.1 流动性的测度

本节介绍商品流动性的测度方法。目前,已有很多文献从不同的角度衡量流动性水平,马歇尔等(2012)检验了测度商品流动性的各种代理变量,他们发现测度价格影响的变量 Amihud 与用高频数据计算的基准流动性相关性最大,说明在高频数据不存在的情况下,Amihud 指标可以作为衡量流动性的一个比较好的替代变量。阿米胡德(2002)采用一交易单位的价格影响的方法测度非流动性。阿米胡德等(2015)也采用了阿米胡德(2002)方法计算了 45 个国家股市的非流动性溢价水平。基于以上分析,本章对商品流动性的测度采用如下指标:

$$Amihud_{it} = \frac{|r_{it}|}{volume_{it}} \qquad (5.3)$$

其中,$volume_{it}$ 表示商品 i 第 t 个交易日的交易量,$r_{it} = \dfrac{\Delta P_{it}}{P_{it-1}}$,表示商品 i 第 t 个交易日的回报率,而 P_{it} 为商品 i 第 t 个交易日的结算价格。月度变量由当月每日 Amihud 的算术平均值计算而得。阿米胡德(2002)发展的这一非流动性水平的测度方法,测度了每单位交易量的价格变化情况。Amihud 越大,说明流动性越小。

测度流动性的另一个价格影响变量为:

$$Amivest_{it} = \frac{volume_{it}}{|r_{it}|} \qquad (5.4)$$

式（5.4）表示单位收益率的变化对成交量的影响。Amivest 越大，说明流动性越高。因为月度数据由每日的数据计算而来，而不同商品流动性数值基于月度数据进行比较，所以，*Amihud* 与 *Amivest* 并不是简单的倒数关系。

第三种流动性测度指标为有效价差：

$$EffectiveSpread_{it} = 2 \times \left| \ln(P_{it}) - \ln(M_{it}) \right| \qquad (5.5)$$

式（5.5）表示有效价差，其中，P_{it} 与 M_{it} 分别表示商品 i 第 t 个交易日的结算价格与中间价格（买价与卖价的平均值）。

第四种流动性测度指标为报价价差：

$$QuotedSpread_{it} = (A_{it} - B_{it})/M_{it} \qquad (5.6)$$

其中，A_{it}、B_{it} 与 M_{it} 分别表示 i 商品第 t 个交易日的卖价、买价与中间价（买价与卖价的平均值）。最近几年只有 14 种商品的价格信息（包括买价、卖价及结算价）可用，所以有效价差与报价价差的主成分分析主要基于价格信息可用的 14 种商品。

5.4.2　流动性共性

在股票市场，个股的流动性受到市场流动性的影响，这一关系被称为流动性共性（在有些文献中也被称为系统流动性）。最近的很多文献都表明流动性共性在债券和外汇市场中也是存在的，如查迪亚等（Chordia et al.，2000），哈斯布鲁克和塞皮（Hasbrouck & Seppi，2001）以及科拉吉克和萨德卡（Korajczyk & Sadka，2008）都发现在美国权益市场中存在流动性共性。卡罗伊等（Karolyi et al.，2012）表明流动性共性在市场波动性较高以及拥有更多国际化投资者的国家更显著。查迪亚等（Chordia et al.，2005）则证明了债券市场的流动性共性，并说明这一共性与同期股市的流动性共性相关。为检验外汇市场的流动性共性，曼西尼等（2013）构建了一个外汇市场流动性的时间序列以呈现不同汇率间流动性的共同组成部分。

而在商品市场的流动性方面，查迪亚等（2000）认为存货风险与不对称信息两者同时影响了商品市场的流动性共性。商品市场参与者可能具有某些商品的私人信息，但不太可能具有所有商品的信息，所以他们的交易活动不大可能是导致流动性共性的原因。而套期保值者在市场中更活跃，所以他们的行为对商品回报的影响也会更大。正是因为套期保值者作为商品市场的主要参与者，所以很难回答商品市场中是否存在一个影响单个商品的系统性的市场流动性因子。

理解商品市场的流动性共性至关重要，因为市场范围的流动性冲击不仅对投资者而言，对管制者来说也有重要的意义。戈顿和卢文赫斯特（2006）认为商品可以作为同一类资产的部分原因是因为其可以给股票或者债券投资组合带来多样化收益。伯南克（2008）认为商品价格的变动也有很重要的政策含义。另外，证明商品市场流动性共性的存在也有助于检验流动性是否是商品套息收益的一个风险因子。

马歇尔等（Marshall et al. , 2013）采用 16 个农业、能源、金属、贵金属以及家畜商品的数据研究了商品期货市场的流动性共性，他们发现了很强的流动性共性的证据，并认为商品市场存在显著的系统流动性风险因子；同时他们发现无论商品价格比较平稳还是波动较大，商品市场的流动性共性都很显著。在具体的运算中，他们采用了两种不同的方法，其中一种是基于查迪亚等（2000）的方法，用单个商品流动性测度的每日百分比变化对市场流动性的每日百分比变动进行回归；另一种方法是基于科拉吉克和萨德卡（2008）的方法，采用主成分分析（PCA）。上述两种方法都是分别针对不同的流动性指标进行单独分析。曼西尼等（2013）在检验外汇市场的流动性共性时，对每一对汇率采用了类似的过程进行标准化，提取出了前三个主成分，同时他们把第一个主成分作为市场范围的流动性进行分析。阿斯尼斯等（2013）以及科珍等

（2013）也用一系列测度市场和基金流动性指标的第一个主成分表示流动性风险。不过，因为由主成分分析得到的市场流动性可被解释为一个线性因子，所以曼西尼等（2013）同时也认为均值化方法得到的平均市场流动性可以起到类似的作用。

综合以上研究，本章采用主成分分析法检验商品市场的流动性共性是否存在。主成分分析法的具体步骤：第一，对第一种流动性指标计算每月所有商品总体平均的流动性水平。第二，每种商品每月的流动性水平由当月每一天的算术平均值计算而来。第三，对第一步得到的总体平均流动性时间序列，计算其均值和标准差。第四，采用第三步得到的均值和标准差对各个商品的流动性时间序列进行标准化。第五，采用主成分分析法得到前三个主成分。对其他的流动性指标分别采用上述同样的步骤得到主成分。

表 5.3 所用到的回归模型中，除了常数项之外，解释变量只有第一个主成分，被解释变量为商品的流动性水平。之所以采用第一个主成分而舍弃其他的主成分是因为第一个主成分最可能反映了系统的流动性。从表 5.3 可以看出，对于每一种流动性测度，第一个主成分即系统流动性水平大多与其有着较显著的正相关性。当用 *Amihud* 测度商品流动性时，有 87.5% 的商品与系统的流动性水平（第一个主成分）正相关，而当采用 *Amivest*、报价价差及有效价差测度流动性时，这一比率上升为 100%；当用 *Amihud* 和报价价差测度流动性时，分别有 66.7% 和 64.3% 的商品与系统的流动性水平正相关且在 1% 水平下显著，而当使用 *Amivest* 和有效价差测度流动性时，这一比率分别达到 91.7% 和 92.9%。这一结果与马歇尔等（2013）的研究结果相似，马歇尔等（2013）使用 16 种商品 1997 年 1 月至 2009 年 8 月的数据发现，根据流动性测度方法的不同，88% ~ 100% 的商品与系统流动性存在显著的正相关关系，而调整后的拟合优度均值从 0.261 到 0.464 不等。表 5.3 的分析结果说明本章所用国际商品数据中存在流动性共性。

表 5.3　　　　　　　　　　　　**流动性共性检验结果**

项目	Amihud	Amivest	有效价差	报价价差
系数为正的比率（%）	87.5	100	100	100
系数在 1% 水平下显著的比率（%）	66.7	91.7	92.9	64.3
调整的拟合优度均值	0.141	0.159	0.313	0.282

5.4.3　市场流动性

流动性共性的存在意味着商品市场的流动性很大程度上由意外冲击驱动，这些冲击不仅影响单个商品，也同时影响了整个商品市场。因此，简单的、均值化的方法得到市场范围的流动性是可行的。查迪亚等（2000）以及帕斯托尔和斯坦博（2003）都采用了均值化的方法计算权益市场的流动性，曼西尼等（2013）用均值的方法计算了外汇市场上的流动性。在本章的设定中，给定其中一种流动性的表达，每月商品市场的流动性可以表示为：

$$L_{M,t} = \frac{1}{N_t} \sum_{i=1}^{N_t} L_{i,t} \tag{5.7}$$

其中，N_t 表示第 t 个月流动性数据可得的商品个数，$L_{i,t}$ 表示在第 t 个月单个商品 i 的流动性水平。每月单个商品的流动性水平由该商品每日数据的算术平均得到。尽管有其他文献采用主成分分析提取出的成分来表示市场范围的流动性（Hasbrouck & Seppi，2001；Korajczyk & Sadka，2008），但因为对部分商品而言，有关流动性的数据直到最近几年才出现，为减少观测值的损失，所以本章采用每种商品每月流动性的算术平均来计算商品市场的流动性水平。

5.4.4　商品市场流动性与套息收益——初步分析

为分析流动性与商品套息收益之间的关系，首先，用一个简单的图形进行分析。按照每月的市场流动性水平进行排序，把样本区间分成四组。其中，第一组包含 25% 的市场流动性（Amihud）数值最小的月份；第四组包含 25% 的数值最大的月份。其次，对四个时间组分别计算金属类、能源类及农业类商品 HML 资产组合的套息收益。此时的商品套息收益表示不同商品类别的 HML 资产组合在不同市场流动性情况下的收益情况。结果显示于图 5.1。

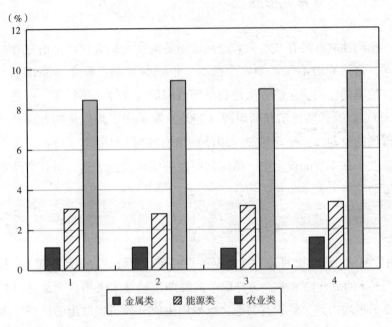

图 5.1　不同类别商品的套息收益与市场流动性

　　因为 Amihud 衡量的是非流动性程度，所以 x 轴从 1 到 4 表示商品市场的流动性水平逐渐降低，第一组表示流动性最强的 108 个月，第四组表示流动性最差的 108 个月。样本区间从 1980 年 1 月到 2015 年 12 月。从图 5.1 中可以看到，随着商品市场流动性的降低，无论对金属类、能源类还是农业类商品，套息交易组合 HML 在市场流动性最差的月份收益最大。流动性较高的时期，金属类商品的套息收益约为 1.14%，而当市场流动性较低时，金属类商品的套息收益上升到约 1.6%。随着市场流动性的下降，能源类商品的 HML 资产组合收益从 3.08% 上升到约 3.39%，农业类商品的套息收益从 8.5% 上升到约 9.88%。相对而言，从柱状图的对比来看，金属类商品套息收益的上升幅度较大，而能源类和农业类商品套息收益的上升趋势不甚明显。

5.5　国际商品套息收益与流动性特性

5.5.1　非流动性溢价——资产组合的估计

针对每一类商品，本节通过构建基于非流动性的资产组合来分析流动性对商品套息交易的影响，并比较流动性对不同类别商品的不同影响。以金属类商品为例，依据 $t-3$ 至 $t-1$ 期的 *Amihud* 数值大小对当期的金属类商品进行排序，在每一个月份，选取最具流动性的两种商品和流动性最差的两种商品作为两个投资组合（如果某个月份只有两种或三种商品的数据可用，则各分别选取一种商品）。随后，分别计算两个投资组合在各时期的平均收益。最后，计算流动性最差的组合的套息收益与最具有流动性的投资组合的收益之差，得到非流动性溢价水平 IML。

表 5.4 列出了根据上述方法计算的金属类、能源类及农业类商品的非流动性溢价水平。可以看出，金属类商品的非流动性溢价水平为正，而能源类商品的非流动性溢价水平为负。非流动性溢价对金属类商品来说每月的平均收益为 0.117%，对能源类商品来说每月的平均收益为 −0.789%。对农业类商品来说，最具有流动性商品的套息收益与流动性最差商品的套息收益之间差别不大，其非流动性溢价水平仅约为 −0.04%。非流动性溢价为负，说明流动性高的商品套息收益更高，而流动性低的商品套息收益更低。这意味着相比投资到流动性差的能源类

商品的投资者，投资到流动性高的能源类商品的投资者预期将获得更高的套息收益；而如果投资到流动性较差的金属类商品，将比投资到流动性好的金属类商品获得更高的套息收益。

表 5.4　　　金属类、能源类及农业类商品的非流动性溢价水平

资产组合	月均收益（%）	标准差（%）	非流动性水平（Amihud）
金属类			0.0000427
1	− 0.47496	0.37804	
2	− 0.35833	0.614	
IML	0.11663	0.55351	
能源类			5.97e − 06
1	0.13153	2.1487	
2	− 0.65734	3.0069	
IML	− 0.78887	3.05783	
农业类			0.0000271
1	− 0.81357	2.52902	
2	− 0.85605	3.12481	
IML	− 0.04248	3.64378	

理论上，投资者应该为持有流动性较差的资产获得补偿，因为人们一般期望在流动性较低的市场上，流动性溢价比流动性好的市场高，所以，流动性溢价如果存在，那么它一般为正。正因为此，流动性溢价也称非流动性溢价。表 5.4 显示，只有金属类商品市场才符合这一预期。另外，表 5.4 的最后一列显示金属类商品市场的流动性最差，能源类商品市场的流动性最好。

5.5.2　非流动性溢价——回归模型的估计

除了对流动性风险溢价进行直接计算，阿米胡德等（2015）及法玛

和麦克白（Fama & MacBeth，1973）均通过估计非流动性水平对股票收益的影响系数作为计算流动性溢价的方法。为此，笔者借鉴这一思路，在稳健性分析方面估计了如下的计量模型：

$$HML_{i,t} = b_{0i} + b_{1i}Illiq_{i,t} + b_{2i}Vol_{i,t} + b_{3i}HML_{i,t-1} + b_{4i}HML_{i,t-2} + e_{i,t}$$

$$(5.8)$$

其中，$HML_{i,t}$ 表示 i（金属类、能源类或农业类三类）商品在 t 期 HML 资产组合的收益。$Illiq_{i,t}$ 表示 i 类商品 t 期的市场流动性，由 i 类市场上所有商品流动性的算数平均计算得到。$Vol_{i,t}$ 表示 i 类商品 t 期的市场波动性，由 i 类市场上所有商品波动性的算数平均计算。根据门霍夫等（2012a）计算波动性的方法，波动性表示为 $\sigma_t^i = (1/T_t)\sum_{\tau \in T_t}|r_\tau^i|$，其中 T_t 表示商品 i 在第 t 个月的总的交易日的天数；r_τ^i（$= \Delta P_\tau^i/P_{\tau-1}^i$）为商品 i 在第 τ 日的收益，而 P_τ^i 为商品 i 在第 τ 日的结算价格。$HML_{i,t-1}$ 和 $HML_{i,t-2}$ 分别表示金属类、能源类或农业类商品在 $t-1$ 和 $t-2$ 期 HML 资产组合的收益情况，滞后变量的引入是为了捕捉动量效应（Jegadeesh & Titman，1993）。

表 5.5 显示了非流动性溢价水平的回归估计结果，本章重点关注控制其他变量的情况下流动性变量前面系数 b_{1i} 的大小。如表 5.5 所示，金属类和农业类商品 b_{1i} 的系数为正，能源类商品 b_{1i} 的系数为负。各商品市场波动性对其套息收益的影响均为正。另外，表 5.5 的结果显示 b_{3i} 的系数为正，且三类商品的回归估计中，b_{3i} 都是显著的，说明动量效应显著存在，这与阿米胡德等（2015）的结果一致。

综上，本章采用了两种计算流动性溢价的方法：一种是通过构造资产组合 IML；另一种是通过估计非流动性对各类商品套息组合 HML 的影响。结果显示，金属类商品的非流动性溢价为正、能源类商品的非流动性溢价为负，而农业类商品的非流动性溢价不确定。

表 5.5　　　　　　　　　　非流动性溢价水平的回归估计结果

商品类型	常数项	b_{1i}	b_{2i}	b_{3i}	b_{4i}	拟合优度 R^2	样本量
金属类	0. 0014313 (0. 0010045)	0. 1197269 (2. 057165)	0. 0051272 (0. 0764765)	0. 7731739 *** (0. 054206)	0. 1147816 ** (0. 0562654)	0. 7384	342
能源类	0. 0078989 ** (0. 0033235)	− 8. 650936 (27. 79506)	0. 8128473 *** (0. 1983543)	0. 4527443 *** (0. 0531846)	− 0. 1075874 ** (0. 0522933)	0. 2471	352
农业类	0. 0266817 *** (0. 0092525)	5. 063978 (19. 52176)	0. 9566549 (0. 7593319)	0. 7549368 *** (0. 0479798)	− 0. 1623194 *** (0. 0477498)	0. 4448	430

注：括号内为标准差。***、**、*分别表示在1%、5%、10%的水平上显著。

5.6　国际商品套息收益与流动性风险

流动性的重要性通过两种方式体现出来：一是作为资产所具有的一种特性（即流动性或非流动性水平）（Amihud et al., 2015），二是作为一个风险因子（Lee，2011）。流动性水平及流动性风险都会影响到资产的价格。目前为止，商品市场上流动性的重要性还未得到深入研究。本节在上述流动性特性研究的基础上，进一步分析流动性风险的影响。

5.6.1　流动性风险因子

分析风险因子对收益的影响，一般是借助贝塔系数进行分析（Mancini et al., 2013），不过最近的许多研究都采用了随机贴现因子的方法直接对风险因子的价格进行估计（Lustig et al., 2011；Menkhoff et al., 2012a）。本节借鉴曼西尼等（2013）的方法把 *IML* 作为一个可交易的流动性风险因子。可交易的风险因子与不可交易的风险因子之间存在区别，可交易的风险因子通常是一种资产组合，不可交易的风险因子对收益具有不同的影响，可交易风险因子根据这一影响构造资产组合。因为 *IML* 涉及买进流动性差的商品期货同时卖出流动性强的商品期货，所以本节的 *IML* 可以看作这一零成本交易策略的回报。

此外，引入 *AER* 这一风险因子，曼西尼等（2013）称其为"市场风险因子"，而门霍夫等（2012a）称之为"DOL 资产组合"。对每一种类的商品，本节计算的这一风险因子为所有该类商品的月套息收益平均值。事实上，本节中的 *AER* 可以看作对各类商品而言，买进第二个、次临近到期的商品期货合约，同时卖出第一个、临近到期的商品期货合约，这一策略所获得的月平均收益。

对每一类商品 i，本章估计了如下的计量模型以考察流动性风险因子 *IML* 及市场风险因子 *AER* 对各个商品套息的相对重要性：

$$C_{i,j,t} = \alpha_{i,j} + \beta_{IMLi,j}IML_{i,t} + \beta_{AERi,j}AER_{i,t} + \varepsilon_{i,j,t} \tag{5.9}$$

其中，$C_{i,j,t}$ 为第 i 类（金属类、能源类或农业类）的第 j 个商品在 t 期的套息收益。$IML_{i,t}$ 表示第 i 类商品在 t 期的（非）流动性风险。$AER_{i,t}$ 表示第 i 类商品在 t 期的市场风险。所以，$\beta_{IMLi,j}$ 和 $\beta_{AERi,j}$ 分别表示第 i 类第 j 个商品的套息收益对流动性风险和市场风险的反应程度。常数项 $\alpha_{i,j}$ 表示未被上述风险解释的异常收益。式（5.9）的时间序列模型估计了各个商品的套息收益对流动性风险因素和市场风险因素的反应程度。

表 5.6 公布了各个商品的套息收益对流动性风险因子 *IML* 与市场风险因子 *AER* 的计量模型回归结果。其中，自变量 *AER* 表示从事商品套息收益的平均回报；*IML* 代表买进流动性差的商品期货同时卖出流动性强的商品期货所获收益的流动性风险因子。括号内为标准差。表 5.6 的结果显示，风险因子对不同类商品的解释能力有很大的差别。流动性风险与市场风险因子可以解释约 30.16% 的金属类商品的套息收益，可以解释 19.21% 的农业类商品的套息收益，对能源类商品套息收益的解释约为 54%。对金属和能源类商品而言，流动性风险因子的系数 β_{IML} 倾向

为负（表5.6第3列），且有80%以上的概率在5%的显著性水平下显著。对农业类商品而言，流动性风险因子的系数 β_{IML} 具有正的倾向，且有50%以上的概率在5%的显著性水平下显著。市场风险因子对不同商品的影响几乎一致，且其均值约为1。

表5.6　　　　　　流动性风险因子的时间序列回归估计结果

商品类型	常数项	流动性风险因子系数 β_{IML}	市场风险因子系数 β_{AER}	拟合优度 R^2（%）	β_{IML} 显著的比率（%）
金属类					
均值	1.42e − 08	− 1.54e − 08	1	30.16	85.71
标准差	(0.0045787)	(0.1760288)	(0.8671669)		
中位数	− 0.0003119	− 0.0584372	0.9256862		
系数为正的概率	42.86%	42.86%	100%		
能源类					
均值	0.0012923	0.0321364	1.039354	54.05	83.33
标准差	(0.0073299)	(0.2655645)	(0.3523334)		
中位数	0.0019648	− 0.0876866	0.9871077		
系数为正的概率	66.67%	33.33%	100%		
农业类					
均值	− 0.0000673	0.0066479	1.008525	19.21	54.55
标准差	(0.0084717)	(0.2106078)	(0.8216721)		
中位数	0.0005498	0.0247172	0.7991416		
系数为正的概率	54.55%	63.64%	100%		

注：第6列表示系数在5%水平下显著的比率。

另外，一个值得注意的现象是，流动性较低的商品期货通常具有较高、正的流动性贝塔系数；而流动性较高的商品通常具有负的贝塔系数。如流动性较差的商品银的贝塔系数约为0.1，流动性较好的商品铜

的贝塔系数约为 -0.23。图 5.2 可以更清楚地看出流动性贝塔和流动性
水平之间的关系。各商品流动性水平由其月度的算数平均得到。x 轴表
示 24 种商品流动性的排序，y 轴表示所估计的流动性风险的贝塔系数。
因为 *Amihud* 表示商品的非流动性，所以从左至右表示的商品流动性逐
渐降低。图 5.2 显示，流动性越大的商品其贝塔系数倾向为负，而流动
性越低的商品其贝塔系数越大。这说明，当商品市场流动性风险较高
时，流动性较大的商品可以提供一定的防护。这一结果与曼西尼等
（2013）的结论一致，他们发现在货币市场上，流动性较高的货币通常
具有较低的利率，流动性贝塔也倾向为负值。

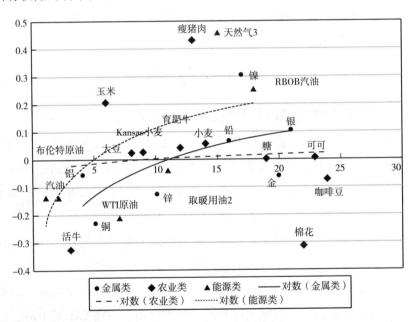

图 5.2　流动性排序与贝塔系数

综上，表 5.6 的结果显示，农业类商品的流动性风险溢价为正，金
属类商品的流动性风险溢价为负。能源类商品的流动性风险贝塔系数均
值为正，不过，其商品流动性风险贝塔的中位数为负值。结合图 5.2 的
分析结果，具体到每一类商品而言，流动性较差的商品倾向于具有正的

流动性风险溢价，而流动性较好的商品其风险溢价为负，说明在该类商品面临流动性风险时流动性好的商品可以作为避险商品提供一定的防护。

5.6.2 稳健性检验

为保证结果的准确性，本节也进行了相关的稳健性检验。首先，根据 *Amivest* 衡量的流动性对各个商品每月的套息收益进行排序，由此所得到新的 *IML* 作为流动性风险因子。所得到的新的流动性贝塔系数几乎没有变化。其次，在原模型中引入波动性风险因子，即根据门霍夫等（2012a）计算波动性的方法，每月的平均收益波动表示为：

$$\sigma_t^i = (1/T_t) \sum_{\tau \in T_t} |r_\tau^i| \tag{5.10}$$

其中，T_t 表示商品 i 在第 t 个月的总的交易日的天数；r_τ^i（$= \Delta P_\tau^i / P_{\tau-1}^i$）为商品 i 在第 τ 日的收益，而 P_τ^i 为商品 i 在第 τ 日的结算价格。波动性风险因子即为每月波动性最大的商品套息收益与每月波动性最小的商品套息收益之差。结果发现，与未引入 VOL 相比，估计的贝塔系数基本不变。最后，把 24 种商品作为一个整体，重新计算流动性风险因子及市场风险因子。新的估计结果都显示，流动性风险贝塔与相应的流动性排序之间的正相关性仍然十分明显。这说明商品的流动性风险对商品的套息收益有重要影响。尽管因为商品之间的差别较大，商品市场总体的流动性对各个商品的影响有很大的不同，但是流动性在商品市场上对套息收益也是一个重要的风险因子。

商品的流动性风险对商品的套息收益有重要影响。尽管因为商品之间的差别较大，商品市场总体的流动性对各个商品的影响有很大的不同，流动性在商品市场上对套息收益也是一个重要的风险因子，但是商品市场上流动性对商品套息收益的作用可能并没有外汇市场那样明显，这一点可以从计量方程的拟合优度及变量的显著性水平上看出来。曼西尼等（2013）对货币套息交易的回归中，拟合优度一般在 70% 以上，且外汇市场上流动性风险因子的显著性水平较高。另外，农业类商品一般具有正的风险溢价，而金属类商品倾向具有负的风险溢价；从不同的商品类别来看，流动性较差的商品通常风险溢价为正，而流动性较好的商品通常风险溢价为负，所以流动性较好的商品具有更好的避险功能。

5.7　本章小结

本章主要研究了商品市场的非流动性与商品套息收益之间的关系，并区分了商品的非流动性特性与非流动性风险。通过从彭博数据库搜集 1980 年 1 月 1 日至 2015 年 12 月 31 日商品期货的日度数据，首先，计算了各商品的套息收益，结果发现能源类商品的套息收益一般为正，而农业类商品的套息收益一般为负，金属类商品的套息收益较不确定。从收益的波动性上看，农业类商品套息收益的波动性较大，而金属类商品套息收益的波动性较低。其次，通过采用一系列测度商品流动性的指标来衡量各个商品以及商品市场的流动性水平，发现商品市场存在显著的流动性共性。流动性共性的存在意味着商品市场的流动性很大程度上是由意外冲击驱动的，这些冲击同时影响了整个商品市场，而非仅仅局限于单个商品。

从商品的流动性特性对套息收益的影响来说，金属类商品的流动性溢价为正、能源类商品的流动性溢价为负。从商品的流动性风险对套息收益的影响而言，农业类商品一般具有正的风险溢价，而金属类商品倾向于具有负的风险溢价；具体到某一类商品，流动性贝塔也会受到流动性特性的影响，流动性较差的商品通常风险溢价为正，而流动性较好的商品通常风险溢价为负。本章的研究也具有重要的实践意义。从投资者的角度来说，在资产组合的构建中，综合配置农业类和金属类商品将会给投资者带来较好的绩效水平，也使投资者面临较低的风险，因为当市场流动性风险较低时，农业类商品的绩效较好，而在危机时金属类商品可能将具有更好的表现。但是无论配置那一类资产，都应该选择流动性较高的商品资产，因为当整体的商品市场流动性风险提高时，流动性强的商品具有更好的避险功能。

在国际商品贸易中，很多套息交易需要借助于商品，尤其是当某一国存在资本流入或流出管制的时候。此时，套息交易者通过选择特定的商品从事隐含的套息交易，从而一定程度上规避资本管制。不同商品的流动性水平也必然是套息交易者考虑的因素之一，流动性强、易储存的商品因为其容易转手可能更受到投资者青睐。所以在防范利用商品进行的投机活动时，监管部门应重点监控流动性强、易储存的商品。伴随着各种模式的金融创新，国内的大宗商品市场也获得了突飞猛进的发展。但是，野蛮生长背后也出现了许多由于风控体系不完善引发的负面事件，比如云南昆明泛亚有色金属交易所事件，以及华商所卷款、钢贸危机、青岛港骗贷事件等。大宗商品交易的风险不仅影响物价稳定，对经济的健康平稳运行也是很大的威胁，为防止上述事件再次发生，需要做好大宗商品市场的风险控制工作。了解大宗商品的流动性风险与套息收益的关系，可以为政府部门防控风险提供有意义的借鉴。

限于笔者水平，本章还有许多不足之处。国际商品贸易同时伴随着外汇的结算，所以，外汇市场的流动性与商品市场的流动性之间的关系也深刻影响着套息交易的收益，这一点需要更加深入地研究，但本章只分析了商品市场的情况，并未结合外汇市场的情况进行分析。另外，在不同的时间区间如金融危机前及危机后，流动性风险对不同商品套息收益的影响可能有所变化，本章并未对此进行探讨，这也将是未来进一步研究的方向。

第6章 国际资本流动的相关风险因素——以"一带一路"沿线国家为例

征用风险和汇率波动是影响一国外商直接投资水平的重要因素，而其影响效果会因国家和时间的不同而不同。本章使用61个"一带一路"沿线国家及地区1984~2016年的面板数据，估计了征用风险和汇率波动对 FDI 的影响。结果发现：一国征用风险的上升确实会导致 FDI 的下降，用不同的估计方法以及不同的征用风险衡量指标之后，估计结果基本一致；进一步研究发现，产权保护质量的提高有助于高收入国家 FDI 的增加，而对低收入国家没有显著影响；无论是高收入国家还是低收入国家，汇率波动都对 FDI 具有负向影响。"一带一路"沿线各国应不断提高产权保护质量，并积极签署双（多）边贸易投资合作协定，以有效降低征用风险；企业在境外投资过程中应充分认识并积极应对汇率风险。

6.1 "一带一路"沿线国家外商直接投资现状

随着"一带一路"建设的深入推进，" 带一路"沿线国家的经济交往和合作日益频繁。2017年1~8月，我国企业对"一带一路"沿线的52个国家有新增投资，合计85.5亿美元，占同期总额的12.4%，比

2016 年同期增加 4.3 个百分点。在"一带一路"沿线国家新签对外承包工程合同额 845.1 亿美元，占同期总额的 56.5%，同比增长 21%；完成营业额 432.4 亿美元，占同期总额的 48.9%，同比增长 1.2%①。这说明我国与"一带一路"沿线国家的合作日益加深。党的十九大报告指出，我国将继续"坚持打开国门搞建设，积极促进'一带一路'国际合作，努力实现政策沟通、设施联通、贸易畅通、资金融通、民心相通"。本章旨在分析"一带一路"沿线国家的征用风险与汇率波动风险对 FDI 的影响，以期为进一步加强双方各领域的投资与合作提供有意义的参考。

"一带一路"贯穿亚欧非大陆，地理覆盖范围广，其中包括诸多国际热点区域，如中亚、中东、东南亚和非洲，这些区域由于宗教、资源、历史或域外干涉等各种原因，对"一带一路"建设造成影响，同时每个地区都受到诸多方面的影响，给"一带一路"建设带来各种风险。这些风险将直接影响对外投资的效率及其积极作用的发挥。2017 年 6 月 2 日，商务部网站发布的《"一带一路"战略下的投资促进研究》中，说明"一带一路"沿线投资风险主要包括国际政治风险、经济风险、法律风险及宗教文化风险等。中国出口信用保险公司曾对 600 多位企业风险经理进行了问卷调查，获得对企业影响最大的前十位风险事件，即中国企业海外面临的十大主要风险——战争与内乱、国有化与征收、汇兑限制、国际制裁、汇率大幅波动、法律缺少对 FDI 的保护、利润汇出限制、法律变更风险、退出成本高及银行系统性风险。

中国企业对"一带一路"沿线国家的投资流量在 2015 年达到了 189.3 亿美元，同比增长 38.6%，是对全球投资增幅的 2 倍，占当年流量总额的 13%②，而对其他地区的投资则有不同程度的减少。2015 年

---

① 非理性对外投资得到进一步遏制 [EB/OL]. 中国服务贸易指南网，2017 – 09 – 15. http：//tradeinservices. mofcom. gov. cn/article/news/gnxw/201709/10632. html.

② 2015 年中国对外直接投资流量跃居全球第二 [EB/OL]. 央视网，2016 – 09 – 22. http：//news. cctv. com/2016/09/22/ARTIpHwKIseRUoR7fVafT04Q160922. shtml.

末，中国对"一带一路"沿线国家的直接投资存量为 1156.8 亿美元，占中国对外直接投资存量的 10.5%①。根据商务部综合司和国际贸易经济合作研究院联合发布的《中国对外贸易形势报告（2017 年春季）》，2016 年，中国对沿线国家直接投资 145 亿美元，占中国对外投资总额的 8.5%；中国与沿线国家新签对外承包工程合同额为 1260 亿美元，增长 36%。同时，中国不断优化外商投资环境，吸引更多沿线国家企业来华投资。2016 年，"一带一路"沿线国家对华投资新设立企业 2905 家，同比增长 34.1%，实际投入外资金额 71 亿美元②。此外，中国企业已经在"一带一路"沿线 20 个国家建设了 56 个经贸合作区，涉及多个领域，累计投资超过 185 亿美元，为东道国创造了近 11 亿美元的税收和 18 万个就业岗位③。"一带一路"沿线国家经济、社会、文化、金融体系及产权保护程度各异，且许多国家都曾发生过政府征用投资项目的案例，因此，正确认识和评估征用风险以及汇率波动风险对这些国家资本流动造成的具体影响，对促进这些国家更加深入参与"一带一路"建设，具有重大的现实意义。

本章使用 61 个"一带一路"沿线国家及地区三十年左右的面板数据，对因产权保护缺失所导致的征用风险与汇率风险对这一区域 FDI 的影响进行了实证研究，结果发现：一国征用风险的上升确实会导致 FDI 的下降，在考虑了不同的估计方法以及征用风险的不同衡量指标之后，此结论依然稳健。此外，产权保护质量与该区域高收入国家的 FDI 正相关，而对低收入国家的影响较小，而汇率风险对 FDI 的影响一致且为负。

---

① 2015 年中企对"一带一路"相关国家投资增 38.6% ［EB/OL］. 新华丝路网，2016 - 09 - 23. http：//silkroad. news. cn/news/6010. shtml.

② 2016 年 1 - 12 月全国吸收外商直接投资情况 ［EB/OL］. 商务部网站，2017 - 02 - 04. http：//www. mofcom. gov. cn/article/tongjiziliao/v/201702/20170202509836. shtml.

③ "一带一路"倡议：构建人类命运共同体的重要实践 ［EB/OL］. 外交部网站，2017 - 05 - 05. https：//www. fmprc. gov. cn/web/dszlsjt_673036/t1459143. shtml.

6.2 外商直接投资的相关风险研究

国外关于政治风险影响外商直接投资的研究相对成熟。梅恩和塞克特（Méon & Sekkat, 2012）采用 120 个国家 1984～2004 年的数据分析表明，国际国家风险指数（ICRG index）对 FDI 具有负向影响；斯沃伊和泰古（Sǎvoiu & Taicu, 2014）对 1993～2012 年中东欧国家的研究发现，国家风险对捷克 FDI 的影响为负，但对波兰、罗马尼亚和俄罗斯的影响为正；德塞特尼科夫和秋叶原（Deseatnicov & Akiba, 2015）采用 1995～2012 年 56 个国家的数据分析表明，对于不同国家，欧洲货币国家风险指数对日本对外投资的影响是不同的，对发达国家的影响为正，对发展中国家的影响为负；胡里奥和约克（Julio & Yook, 2016）对 43 个国家 1994～2010 年的研究表明，政治不确定性将会降低美国对样本国的对外投资；库鲁尔（Kurul, 2017）对 126 个发展中国家 2002～2012 年数据的分析发现，世界银行治理指标（WGI）制度水平对 FDI 的影响是非线性的，制度质量好到一定程度才有助于提高 FDI。可以看出政治风险对 FDI 的不利影响已经被逐渐证实。同时，一些文献还针对征用风险对 FDI 的影响进行了研究。阿西杜等（Asiedu et al., 2009）采用 28 个 SSA（撒哈拉以南的非洲国家）及 35 个低收入国家 1983～2004 年的数据分析发现，征用风险对 FDI 的影响为负；阿克塔卢扎曼等（Akhta-ruzzaman et al., 2017）采用 83 个发展中国家 1984～2015 年的数据分析也表明，ICRG 征用风险对 FDI 具有负向影响（见表 6.1）。

从目前已有文献的研究状况来看，随着"一带一路"倡议的提出，尽管很多研究都关注了实施"一带一路"倡议所面临的各种风险，但目前相关研究成果主要集中在"一带一路"总体战略设计、中国与周边国家关系等维度，以定性分析方法为主（张晓磊和张二震，2017）。这些研

表 6.1 关于政治风险对 FDI 影响的相关研究成果

作者	风险衡量指标	研究对象	数据区间	因变量	对 FDI 的影响
德塞特尼科夫和秋叶原（2015）	欧洲货币国家风险指数（政治风险，指数越高环境越好）	56 个国家	1995 ~ 2012 年度	日本对 32 个发达国家和 24 个发展中国家的对外投资的对数	非线性，对发达国家有正向影响（＋），对发展中国家有负向影响（－）
欧和鲁维尼（Oh & Reuveny，2010）	政治风险服务集团风险指数，数值越大表示风险越低	116 个国家	1985 ~ 2003 年度	进口额	正向（＋）
梅恩和塞克特（2012）	国际国家风险指南指数 ICRG index *（-1）	120 个国家	1984 ~ 2004 年度	FDIit/总 FDIt	负向（－）
斯沃伊和泰古（2014）	ECR 国家风险	P-SCEEC's economies（捷克、匈牙利、波兰、罗马尼亚、俄罗斯、斯洛伐克）	1993 ~ 2012 年度	净 FDI/GDP	捷克（－）、波兰（＋）、罗马尼亚（＋）、俄罗斯（＋）
胡里奥和约克（2016）	全国大选的时间（政治不确定性）	43 个国家	1994.1 ~ 2010.6 季度数据	美国对 43 国的对外投资	负向（－）
阿克塔卢扎曼等（2017）	ICRG 征用风险	83 个发展中国家	1984 ~ 2015 年度	人均总 FDI 的对数	正向（＋）

续表

作者	风险衡量指标	研究对象	数据区间	因变量	对FDI的影响
阿西杜等（2009）	12 - （PRS排序）数值越大风险越大	28个SSA（撒哈拉以南的非洲国家）及35个低收入国家	1983～2004年度	净FDI/GDP	负向（-）
库鲁尔（2017）	WGI制度水平PCA（数值越大制度越优）	126个发展中国家	2002～2012年度	净FDI/GDP	非线性，制度质量好到一定程度才有助于提高FDI

究具有很高的战略高度，但大多过于宏观，缺少针对具体细节问题的审慎实证研究和数据支撑。谭秀杰和周茂荣（2015）使用随机前沿引力模型研究了"21世纪海上丝绸之路"沿线国家之间的贸易潜力，发现海上丝绸之路的贸易效率虽然在不断提升，但仍有很大的进步空间，推行"一带一路"倡议有利于充分挖掘区域内的贸易潜力。韩永辉等（2015）则计算了中国与中东14国之间的出口相似度、贸易结合度、格鲁贝尔-劳埃德指数、布雷哈特边际产业内贸易指数等，发现中国与中东国家间贸易的互补性远强于竞争性，"一带一路"倡议利于双边贸易规模的扩大。

李忠民等（2014）采用DEA模型的Malmquist指数分析法对我国内部新丝绸之路经济带沿线省份交通基础设施效率进行了分析，并指出提高经济带交通基础设施对经济的贡献不应只关注新增交通基础设施，更应关注现有交通基础设施的运营效率。张建光和张鹏（2017）分析了中国与"一带一路"国家的贸易效率及影响因素，认为经济规模、语言相似性、与中国距离、是否为世贸组织成员以及关税壁垒水平会显著影响贸易效率。杜运苏等（2017）利用Kaplan-Meier非参数方法分析了中国出口"一带一路"贸易关系持续时间的特点并考察了相关影响因素，发现除产品特征变量之外，多元化及人民币汇率变动也会影响出口"一带一路"贸易关系的持续时间。张晓磊和张二震（2017）使用66个"一带一路"沿线国家2000～2013年的面板数据，对恐怖活动风险的"贸易隔离"效应进行了实证研究，发现恐怖活动风险上升会产生显著的"贸易隔离效应"，显著拉低出口依存度。

关于产权保护不足导致的征用风险对经济危害的研究主要集中在西方学术界，而目前国内学界对征用（征收）风险并没有一致界定。王稳等（2017）在对2016年全球192个主权国家的国家风险进行评级时，认为国家风险包括政治风险（包括征用风险）和主权信用风险，而孙南申和王稀（2015）把国家风险与征用风险等同。一般而言，征用风险是指东道国政府通过政治手段或违约方式剥夺或损害外商投资的所有权或经营权益，从而导致投资损失的风险（孟凡臣和蒋帆，2014）。科尔和厄伦扎（Col & Errunza，2015）使用1989～2009年跨国兼并数据，发现在一定征用风险下的目标企业具有较低的回报率，目标企业的股东并未能从企业治理提升中获得充分回报，因为治理提升的效益被掠夺行为所抵消。阿西杜等（2009）以28个SSA（撒哈拉以南的非洲国家）及35个低收入国家为研究对象，证明了征用风险的存在会导致投资不足，尽管国际援助可以抵消征用风险对FDI的负面影响，不过并不能完全消除这种不利影响。表6.1显示了关于政治风险对FDI影响的相关研究。德塞特尼科夫和秋叶原（2015）及库鲁尔（2017）都认为政治风险对FDI的影响是非线性的，斯沃伊和泰古（2014）则发现国家风险对FDI的影响对不同的国家来说是不同的。通过梳理以往文献可以看出政治风险对经济的危害已经被逐渐证实，但是在各种风险中，阿克塔卢扎曼等（2017）认为征用风险在所有的制度风险中是最重要的一个风险，他们发现征用风险每下降一个标准误，FDI将会随之提高72%。

虽然传统的观点认为汇率水平不会影响外商投资流动，但其前提是预期未来的汇率水平不变。研究发现，汇率的不确定性会对外商投资产生较大影响，而且对不同的国家来说这一影响是不同的，甚至还会随着时间的变化而变化。宏观经济的不确定性是推动还是阻碍企业进入国外市场，取决于其成本和收益的权衡。一方面，对于一个风险厌恶型的企业来说，较高的汇率波动将会降低企业的确定性等价值；另一方面，相对于出口，直接投资可以减少企业面临汇率波动时的利润损失，汇率波动的增加也可能导致企业以直接投资来替代出口。研究表明，汇率波动可以增加外商投资的流入，也可能减少外商直接投资，而对"一带一路"沿线国家来说，其汇率波动对外商直接投资将产生怎样的影响，还有待深入研究。

本章研究"一带一路"沿线国家的征用风险和汇率波动对资本流动的影响，既可以丰富关于征用风险对国际资本流动影响的研究成果，也可以弥补国内关于"一带一路"沿线国家征用风险研究的短缺，为"一带一路"倡议的政策制定提供参考，具有重要现实意义。

6.3 风险指标对外商直接投资影响的模型构建

6.3.1 计量模型

本章实证模型如式（6.1）所示，下角标 i 表示国家，t 表示时间。FDI_{it} 表示该国第 t 年投资于其他国家的资本流出及收到的外商直接投资占 GDP 的比重。尽管有很多研究都关注了净外商直接投资，即收到的外商直接投资与投资于其他国家的资本量之差（net FDI），但是如果流入和流出基本相当，那么净 FDI 将无法反映外商投资的真实水平（Akhtaruzzaman et al.，2017）。所以本章采用总外商直接投资表示 FDI_{it}。$Expro_{it}$ 是衡量一国征用风险的变量。$Exrate_{it}$ 与 $Exstd_{it}$ 分别衡量该国的汇率水平与汇率波动风险。X_{it} 表示控制变量向量，包括 i 国的 GDP 增速、开放程度（进出口总额占 GDP 的比例）、基础设施水平（每 100 人所拥有的移动电话的数量）。θ_i 与 ε_{it} 分别表示个体效应和随机误差项。

$$FDI_{it} = \theta_i + \beta_1 Expro_{it} + \beta_2 Exrate_{it} + \beta_3 Exstd_{it} + \beta_4 FDI_{it-1} + \gamma X_{it} + \varepsilon_{it}$$

$$(6.1)$$

本章主要通过验证征用风险变量的系数符号是否显著，来分析征用风险的上升是否会降低外商投资水平。而汇率波动风险前面的系数符号的显著性，可以帮助理解汇率风险是否也会影响外商投资水平。

6.3.2　变量处理与数据来源

6.3.2.1　样本国家选取及数据来源

在"一带一路"除中国外的 64 个国家及地区中，因有些国家资料不完整或缺乏，实际选取了 61 个国家及地区（见表 6.2）。各国 FDI 的流入、流出数据、进出口贸易额数据、GDP 规模、GDP 增长率数据来自联合国贸发会议数据库（UNCTAD），每 100 人所拥有的移动电话的数量来自世界银行发展指数数据库（WDI）。汇率数据来自 IMF 国际金融统计数据库（IFS）。本章采用该国外商投资的流入和流出总额占 GDP 的比重表示 FDI，因为相比净 FDI 来说，该指标更能真实反映一国外商投资的真实水平。

表 6.2　不同时间段"一带一路"沿线国家及地区货币兑美元汇率波动情况

国家/地区	2007~2017 年	2007~2012 年	2013~2017 年	国家/地区	2007~2017 年	2007~2012 年	2013~2017 年
阿尔巴尼亚	0.0305	0.0356	0.0224	马来西亚	0.0243	0.0206	0.0280
阿富汗	0.0142	0.0124	0.0162	马其顿	0.0306	0.0361	0.0219

续表

国家/地区	2007～2017年	2007～2012年	2013～2017年	国家/地区	2007～2017年	2007～2012年	2013～2017年
阿联酋	0	0	0	蒙古国	0.0242	0.0247	0.0229
阿曼	0	0	0	孟加拉国	0.0084	0.0107	0.0033
阿塞拜疆	0.0462	0.0048	0.0698	缅甸	0.4490	0.5893	0.0223
埃及	0.0675	0.0148	0.1019	摩尔多瓦	0.0260	0.0244	0.0276
爱沙尼亚	0.0396	0.0396	(D)	尼泊尔	0.0234	0.0277	0.0165
巴基斯坦	0.0139	0.0141	0.0131	塞尔维亚	0.0421	0.0511	0.0261
巴林	0	0	0	塞浦路斯	0.0182	0.0182	(D)
白俄罗斯	0.0698	0.0833	0.0472	沙特阿拉伯	0.0002	0.0003	0
保加利亚	0.0316	0.0369	0.0234	斯里兰卡	0.0126	0.0148	0.0089
波黑	0.0309	0.0358	0.0233	斯洛伐克	0.0413	0.0413	(D)
波兰	0.0451	0.0549	0.0280	斯洛文尼亚	0.0257	0.0257	(D)
不丹	0.0261	0.0287	0.0225	塔吉克斯坦	0.0185	0.0152	0.0220
俄罗斯	0.0491	0.0390	0.0597	泰国	0.0160	0.0164	0.0153
菲律宾	0.0176	0.0198	0.0137	土耳其	0.0399	0.0438	0.0339
格鲁吉亚	0.0259	0.0224	0.0295	文莱	0.0194	0.0215	0.0160
哈萨克斯坦	0.0381	0.0263	0.0490	乌克兰	0.0637	0.0318	0.0895
黑山	0.0314	0.0363	0.0239	新加坡	0.0190	0.0209	0.0160
吉尔吉斯斯坦	0.0214	0.0156	0.0273	匈牙利	0.0465	0.0577	0.0258
柬埔寨	0.0065	0.0072	0.0053	叙利亚	0	0	0
捷克	0.0379	0.0453	0.0253	亚美尼亚	0.0236	0.0278	0.0169
卡塔尔	0	0	0	也门	0.0118	0.0157	0
科威特	0.0144	0.0154	0.0130	伊拉克	0.0033	0.0037	0.0020
克罗地亚	0.0304	0.0356	0.0224	伊朗	0.0637	0.0183	0.0944
拉脱维亚	0.0318	0.0336	0.0188	以色列	0.0257	0.0308	0.0170
老挝	0.0067	0.0064	0.0065	印度	0.0261	0.0287	0.0225
黎巴嫩	0	0	0	印度尼西亚	0.0299	0.0326	0.0259
立陶宛	0.0300	0.0331	0.0177	约旦	0	0	0
罗马尼亚	0.0364	0.0438	0.0240	越南	0.0107	0.0136	0.0032
马尔代夫	0.0145	0.0190	0.0025				

资料来源：根据国际金融统计数据库整理，其中 2017 年的数据截至当年 7 月，(D) 表示未披露。

6.3.2.2　征用风险

概括而言，征用风险是指由于所在国产权保护不足而导致投资损失的风险，很多研究都采用了政治风险服务集团（political risk service，PRS）的国家风险指南（ICRG）指标进行衡量（见表 6.1）。ICRG 指数相比其他数据源，提供了详细的制度及政治风险的几个维度，而且其涵盖的国家更广泛、时间区间跨度更长。另一个被广泛使用的数据是世界银行治理指标（WGI），该指标把制度质量分为六组，每一组都代表了制度质量的一个方面。

ICRG 涵盖了 140 多个国家和地区，由包括政治风险、金融风险以及经济风险的 22 个变量组成。经济风险指标包括人均 GDP、真实 GDP 增长率、CPI 等变量；金融风险指标包括外债占比、经常账户占比、汇率稳定性等变量；政治风险指标涉及政治和社会方面的 12 组变量，包括投资状况、法律和秩序、政府稳定性、社会经济条件、内部冲突、外部冲突、腐败、军事政治、宗教紧张局势、种族紧张局势、民主问责性以及政府机构质量。其中，投资状况总分 12 分，由资产征用、支付延迟及利润汇回三个成分组成，主要反映了该国对外国投资者的产权保护程度，也是本书主要的征用风险变量（$expro1$）。法律和秩序总分 6 分，"法律"部分衡量一国法律体制的力量和公正性，"秩序"部分衡量该国国民遵守法律的普遍性。政府稳定性总分也为 12 分，衡量一国政府实施已公开项目的能力以及其在职能力，由政府统一性、立法强度以及公众支持三个成分组成。上述指标数值越小表示风险越高。

WGI 涵盖了 200 多个国家和地区，这一治理指标共分为六个维度：话语权和问责制、政治稳定和无暴力、政府效率、监管质量、法治及腐败控制。其中，法治指标表示行为人对社会规则的信心水平以及遵守程度，尤其是合约执行质量、产权、治安、法庭以及犯罪和暴力发生的可能性。

借鉴阿克塔卢扎曼等（2017）的做法，本章选取 ICRG 的投资状况、法律和秩序及政府稳定性三个指标的组合来构建三个征用风险指标。投资状况指数（*expro*1）主要反映对外国投资者的产权保护程度——资产征用、支付延迟及利润汇回风险。法律和秩序指标反映了当保护外资企业的产权执行不力时的征用风险，所以本章用投资状况与法律和秩序指数的平均值（*expro*2）来表示征用风险的另一个指标。这两个指数与政府稳定指数的算数平均表示了广义的征用风险（*expro*3），反映撤销与国外投资方现有合同的政治压力。

可以看出，WGI 的法治指标比 ICRG 的投资状况指数（*expro*1）范围更广，而与 *expro*2（投资状况指数与法律和秩序的组合）统计范围相似。ICRG 可用的数据为 1984～2012 年，所以本章也考虑 WGI 的法治指标作为征用风险的另一个代理指标。WGI 法治数据测度了该国对境外投资者的产权保护情况，这一数据区间为 1996～2016 年，其中 1997 年、1999 年及 2001 年没有数据。大多估计制度对 FDI 的影响的研究采用了 ICRG 的指标（见表 6.1），的确，这一指标对各类风险更加细分且更新的频率最快可以达到月度，但可以把 WGI 的法治指标当作稳健性检验中 ICRG 征用风险的替代变量，阿克塔卢扎曼等（2017）也曾使用 WGI 的法治指标重新验证了征用风险对 FDI 的影响。WGI 变量数值越大表示质量越好，同时意味着风险越小。

6.3.2.3　汇率风险

汇率波动衡量一个国家的货币汇率的波动情况，很多情况下用来表示一个国家所面临的外汇风险情况，借鉴相关文献，本章计算汇率波动的公式为：

$$ERVol_t = \sqrt{\frac{1}{m}\sum_{i=1}^{m}\left(\ln\frac{ER}{ER_{-1}}\right)^2} \tag{6.2}$$

$ERVol_i$ 表示每年该国货币相对美元的贬值程度的波动性。汇率水平（1 单位美元兑"一带一路"沿线国家货币表示）的月度数据来源于国际货币基金组织（IMF）国际金融统计数据库（IFS）。其中，当月的汇率水平比上月的汇率水平（ER/ER_{-1}）衡量每个月该国货币相对美元的贬值程度（$Exrate_{it}$），m 表示该年度存在数据的月度数。

根据不同时间段"一带一路"沿线国家及地区汇率波动情况来看（见表 6.2），在整个样本区间，独联体的俄罗斯、乌克兰、白俄罗斯的汇率波动风险较大，西亚的伊朗和埃及汇率波动风险也超过了 0.06，而受到 2012 年缅甸政局动荡影响，缅甸的汇率波动性也很大，中东欧的塞尔维亚、波兰以及匈牙利汇率波动性水平也超过了 0.04。沙特阿拉伯、也门、缅甸以及马尔代夫的表现较为抢眼，与 2007～2012 年相比，最近几年，这些国家的汇率波动降幅超过了 80%。以匈牙利、塞尔维亚、波兰、立陶宛为代表的中东欧国家以及以孟加拉、尼泊尔为代表的南亚国家汇率波动程度近些年也有了较大降幅，所以对汇率敏感的项目来说，中国与这些国家的投资合作有较大潜力。另外，以阿塞拜疆、乌克兰为代表的独联体国家以及以伊朗、埃及为代表的西亚国家，最近几年这些国家的汇率波动性有显著增加，其中埃及的汇率波动性上升了约 589%，达到 0.10。所以，对国内的企业来说，在这些国家的投资项目要尤其关注汇率波动可能导致的风险。

过去几十年，国际资本流动有了十分显著的增加。对发展中国家来说外商直接投资是资本流入的最大来源，而对发达的工业化国家来说，外商投资的流入从几乎为 0 到占固定资本总值的一半不等。研究表明，汇率波动风险可以增加外商投资的流入，也可能减少外商直接投资。而沉没成本在其中发挥了重要的作用。宏观经济的不确定性是推动还是阻碍企业进入国外市场，取决于其成本与利润的权衡。传统的观点认为，汇率变化不会影响外商投资流动，因为如果一国的某种资产是以该国货币计价的未来收益流，若此项资产以不变的汇率兑换为投资者所属国的货币，那么汇率水平就不会影响投资的贴现值，自然也不会影响到投资者的投资决策。很明显这一观点隐含着预期未来的汇率水平不变，即预先假定汇率的变化过程是随机游走的。然而，这一假定与现实有很大出入。

汇率的不确定性会对外商投资有较大影响，研究发现对不同的国家来说这一影响是不同的，甚至还会随着时间的变化而变化。一方面，对于一个风险厌恶型的企业来说，较高的波动性将会降低企业的确定性等价值；而另一方面，如果企业能够选择通过出口还是直接投资来进入一个境外市场，那么汇率波动性的上升可能导致企业以直接投资来替代出口，因为直接投资可以减少企业面临汇率风险时的利润损失。

对"一带一路"沿线的国家来说，其汇率的波动性与流入国内的外商投资有何关系呢？本章分别选取比较有代表性的泰国、菲律宾、新加坡以及印度四国，分析了这一问题。从图 6.1 中可以看到，泰铢汇率的波动性分别在 2011 年和 2013 年有两个顶峰，但是 2011 年流入泰国的外商投资处于低谷，而 2013 年的投资水平占泰国 GDP 的比例又处于较高的水平，2012 年之后两者呈现出正向关系。菲律宾比索的汇率波动性与外商投资占 GDP 的比例之间也呈现出类似的关系，2014 年之前，汇率波动性与外商投资呈现负相关性，而之后则呈现出正向关系。对新加坡来说，汇率波动风险越大，流入新加坡的外商投资越低，如 2014 年汇率波动性处于低谷，而外商投资占比却处于较高水平。与泰国或菲律宾不同，图 6.1 显示，2011 年之前，印度卢比的汇率波动性与流入印度的外商投资具有较强的正相关性，而之后则显示出负向关系。

"一带一路"沿线国家的汇率波动性呈现较大差异，而汇率的不确定性对外商投资的影响对不同国家来说也十分不同，这就要求实施"走出去"的企业要谨慎对待与投资国汇率变化相关联的不确定性，本章也把汇率的波动性（$Exstd_{it}$）作为一个重要的控制变量。

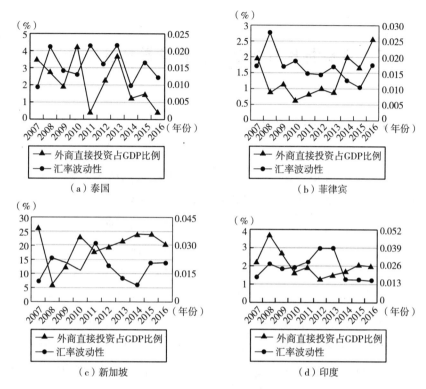

图 6.1　2007～2016 年汇率波动性与流入国内的外商直接投资占 GDP 比例关系

注：为使图形清晰、简化，只使用了 2007～2016 年十年间的数据作图。

资料来源：根据联合国贸发会议数据库和国际金融统计数据库整理。

6.3.2.4　控制变量

本章使用 GDP 增长率（*gdp_growth*）这一指标测度一国国内市场的繁荣程度，一国国内生产和需求增长越快，越能吸引境外资本并促进国内资本流向国外。贸易开放度（*openness*）由各国进出口贸易总额与 GDP 的比例得来，一国的开放程度越高，其对境外投资越友好，所以预计这一变量前面的系数为正。基础设施的质量用每 100 人所拥有的移动电话的数量衡量，因为境外投资对该国基础设施的水平比较敏感，所以预期基础设施对 FDI 的影响为正。

6.4 风险指标对外商直接投资影响的实证分析

6.4.1 基准回归结果及分析

本章采用广义矩（GMM）方法估计，由阿雷拉诺和邦德（Arellano & Bond，1991）提出的差分 GMM（difference-GMM）方法缓解了模型的内生性导致的可能偏误，这一方法使用内生变量的一阶差分的滞后值作为工具变量。但是，差分时消除了非观测截面个体效应及不随时间变化的其他变量，且有时变量的滞后阶并非理想的工具变量。鉴于此，布伦德尔和邦德（Blundell & Bond，1998）改进了这一方法并提出系统 GMM（system-GMM）法。系统 GMM 相当于联立了差分方程和原来的水平方程，使用变量的滞后阶作为差分方程的工具变量，同时使用差分变量的滞后项作为水平方程的工具变量。为使结果稳健，本章同时列出了两种不同方法的估计结果（见表 6.3 和表 6.4）。表 6.3 和 6.4 均为不考虑缺失数据的回归结果。因 WGI 指标的样本区间为 1996～2016 年（缺失 1997 年、1999 年及 2001 年），所以差分 GMM 模型中，最后一列的观测值少于其他各列。

表 6.3   **基本估计结果（difference-GMM）**

变量	模型 1	模型 2	模型 3	模型 4
总外商直接投资比重的滞后项	0.3674317 *** (2.72)	0.3561635 *** (2.59)	0.3628009 *** (2.62)	0.4387637 *** (3.50)
GDP 增速	0.0058822 (0.14)	0.0010288 (0.02)	0.004719 (0.11)	0.0395365 (0.27)
该国货币相对美元贬值程度的对数	0.6410965 (1.59)	0.4692371 (1.10)	0.482613 (1.11)	−4.049106 (−1.45)

续表

变量	模型 1	模型 2	模型 3	模型 4
汇率波动风险	- 9. 783892 ** (- 2. 06)	- 8. 598347 * (- 1. 83)	- 8. 85741 ** (- 2. 03)	- 3. 498838 (- 0. 86)
开放程度	3. 693275 ** (2. 24)	4. 326904 *** (2. 65)	3. 88531 ** (2. 33)	2. 19263 (1. 02)
基础设施水平	0. 4778348 (0. 29)	0. 1189422 (0. 07)	1. 019619 (0. 64)	- 3. 855638 * (- 1. 74)
征用风险（expro1）	0. 3169717 * (1. 77)			
征用风险（expro2）		0. 8660819 *** (2. 87)		
征用风险（expro3）			0. 6021628 ** (2. 46)	
征用风险（wgi）				3. 311682 ** (1. 98)
个体固定效应	Yes	Yes	Yes	Yes
常数项	- 3. 326544 ** (- 2. 03)	- 5. 933939 *** (- 3. 26)	- 4. 813236 *** (- 2. 69)	15. 41988 * (1. 94)
观测值	815	815	815	680

注：括号内为 z 值，*** 、** 、* 分别表示在 1% 、5% 、10% 的水平上显著。

表 6. 4 **利用 system-GMM 模型估计的结果**

变量	模型 1	模型 2	模型 3	模型 4
总外商直接投资比重的滞后项	0. 3916182 *** (2. 74)	0. 3796875 *** (2. 59)	0. 3835869 *** (2. 61)	0. 469317 *** (3. 74)
GDP 增速	- 0. 0156604 (- 0. 33)	- 0. 0166518 (- 0. 36)	- 0. 0148793 (- 0. 32)	0. 0420653 (0. 26)
该国货币相对美元贬值程度的对数	- 0. 3491331 (- 0. 37)	- 0. 3264126 (- 0. 35)	- 0. 3569943 (- 0. 38)	- 0. 7285673 (- 0. 70)

变量	模型 1	模型 2	模型 3	模型 4
汇率波动风险	−10.12804 ** (−2.12)	−9.038471 * (−1.86)	−9.022102 ** (−2.07)	−4.131203 (−0.98)
开放程度	4.968975 *** (4.10)	4.891581 *** (3.77)	4.809469 *** (3.87)	1.512186 (0.81)
基础设施水平	0.3388184 (0.23)	0.172143 (0.12)	1.048398 (0.75)	−3.011151 (−1.54)
征用风险（$expro1$）	0.3760893 * (1.76)			
征用风险（$expro2$）		0.9310196 *** (2.66)		
征用风险（$expro3$）			0.6968943 ** (2.40)	
征用风险（wgi）				2.936445 * (1.74)
常数项	−2.490156 (−0.99)	−4.973489 ** (−2.08)	−4.264477 ** (−2.06)	5.68665 (1.23)
观测值	861	861	861	857

注：括号内为 z 值，***、**、* 分别表示在 1%、5%、10% 的水平上显著。

就核心解释变量的回归结果而言，由表 6.3 和表 6.4 可知，征用风险变量的系数都高度显著为正，考虑到变量值越大，征用风险水平越低，这表明征用风险上升对"一带一路"沿线国家的对外投资及吸引外商投资有显著的负面影响，与预期一致。相比之下，变量 $expro2$ 的显著性水平最高，这说明一国产权保护程度与产权规则的执行力度对"一带一路"沿线国家的 FDI 具有更显著的影响。因此，"一带一路"沿线国家产权保护体制及执行水平的改善将有利于提升各国的 FDI，实现"一带一路"倡议"投资互通"的目标。

另外，值得注意的是，表 6.3 和表 6.4 模型 1~3 中汇率风险变量的系数显著为负，这表明汇率风险的上升对"一带一路"沿线国家的对外投资及吸引外商投资有显著的负面影响。这说明在与"一带一路"沿线国家的投资往来中，汇率波动风险也是投资者重点考虑的因素，在汇率波动风险较低的国家投资活跃度也越高，而汇率波动风险对"一带一路"沿线国家 FDI 的影响尚未引起国内学者的关注。

其他解释变量中，GDP 增长率（gdp_growth）在采用差分 GMM 法估计时，其前面系数为正，当采用系统 GMM 法估计时，模型 1~3 中其前面系数为负，且都不显著。同样，一国货币相对美元的贬值程度（$lnexrate$）及基础设施情况（$lninfra$）对"一带一路"沿线国家的 FDI 也没有显著且一致的影响，这说明"一带一路"沿线国家的市场繁荣、汇率贬值及基础设施的改善并没有显著带动其外商投资的增长。而由表 6.3 和表 6.4 中模型 1~3 可知，开放水平（$openness$）的影响无论使用差分 GMM 还是系统 GMM 方法估计结果都是一致的，且大多都显著，说明开放水平的提升会显著增加"一带一路"沿线国家的投资水平。

6.4.2　征用风险与汇率波动风险对低收入和高收入国家的影响

库鲁尔（2017）发现只有当制度质量好到一定临界值才有助于提高 FDI，而斯沃伊和泰古（2014）则发现国家风险对 FDI 的影响对不同的国家来说是不同的。就征用风险而言，低收入国家与高收入国家外商投资水平受到征用风险的影响程度是否不同呢？世界发展指数（WDI）把不同的国家根据收入高低划分为四组（高收入、中上等、中下等、低收入国家），本章据此把不同的国家分成两类——低收入国家与高收入国家，低收入国家包括 WDI 的中下等和低收入国家，高收入国家包括 WDI 的高收入和中上等国家。表 6.5 为征用风险与汇率波动风险对不同类别国家的影响。

表6.5　低收入国家与高收入国家的估计结果（system-GMM）

变量	低收入国家				高收入国家			
总外商直接投资比重的滞后项	0.6898*** (11.24)	0.6901*** (11.07)	0.6903*** (10.80)	0.7285*** (9.20)	0.3943*** (2.60)	0.3807** (2.43)	0.3866** (2.45)	0.4336*** (3.17)
GDP增速	0.1205 (1.58)	0.1225 (1.59)	0.1175 (1.58)	0.1570* (1.65)	-0.0257 (-0.54)	-0.0264 (-0.56)	-0.0242 (-0.52)	-0.0068 (-0.04)
该国货币相对美元贬值程度的对数	0.4723 (1.27)	0.4742 (1.24)	0.4784 (1.23)	-0.2781 (-0.63)	-0.3342 (-0.34)	-0.3526 (-0.36)	-0.3323 (-0.34)	-0.6782 (-0.47)
汇率波动风险	-5.0067* (-1.76)	-5.1467* (-1.68)	-4.1778 (-1.46)	-6.192*** (-3.01)	-11.3598* (-1.74)	-9.8823 (-1.54)	-10.1531* (-1.79)	-5.5135 (-1.03)
开放程度	5.5968** (2.49)	5.6951** (2.40)	5.5501** (2.36)	7.3525** (1.78)	4.0138*** (3.97)	3.9202*** (3.85)	3.8651*** (3.74)	0.5984* (0.40)
基础设施水平	0.3139 (0.58)	0.3165 (0.55)	0.0788 (0.13)	0.2235 (0.33)	-0.0637 (-0.05)	-0.3541 (-0.28)	0.7174 (0.60)	-2.8958 (-1.33)
征用风险（expro1）	-0.0870 (-0.38)				0.3787 (1.75)			
征用风险（expro2）		-0.1657 (-0.52)				1.0287** (2.38)		
征用风险（expro3）			-0.0128 (-0.06)				0.6936* (1.85)	

续表

变量	低收入国家			高收入国家		
征用风险（tugi）			-1.3549 （-0.45）			3.9329* （1.69）
常数项	-3.5016** （-2.15）	-3.9998** （-2.10）	-3.6831 （-1.13）	-1.8377 （-0.96）	-4.9942** （-2.39）	-3.7052** （-1.99）
观测值	269	269	298	592	592	559

注：括号内为 z 值，***、**、* 分别表示在 1%、5%、10% 的水平上显著。

由表 6.5 结果可知，对低收入国家来说，无论使用哪一种变量表示征用风险（数值越高表示征用风险越低），该变量前面系数符号均为负，且都不显著，说明征用风险对"一带一路"沿线低收入国家的 FDI 影响较小。而对高收入国家来说，以 ICRG 或者 WGI 表示的法治指标变量对"一带一路"沿线国家的 FDI 存在显著的正向影响。表 6.3 和表 6.4 结果表明征用风险上升对"一带一路"沿线国家的外商投资有显著的负面影响，而表 6.5 的结果显示这种影响是非线性的，征用风险依收入高低对各国的影响有所不同。在收入高低不同的国家，投资者对征用风险的反应不同。在低收入国家，征用风险前面的系数不显著，说明在这些国家产权保护质量的改善并不能提高外商投资水平；而在高收入国家，征用风险的下降能显著提高这些国家的外商投资水平。这与库鲁尔（2017）的结论类似，只有在一定的条件下，制度质量的改善才有助于提高 FDI。

这可能是因为低收入国家的产权保护体制不甚健全，征用风险的些微改善不足以促进这些国家 FDI 的提高。另外，对低收入国家来说，征用风险的提高在不对称信息的条件下可能意味着有利可图的商业机会，这些机会将会吸引风险承受能力较强的投资者前来投资。因为制度不健全等因素，相比高收入国家，这些机会在低收入国家更能转化为可以追逐的利润。因为高收入国家的观测值远远多于低收入国家的观测值，所以，在对所有数据的混合面板估计中（见表 6.3 和表 6.4），总的结果显示征用风险上升对"一带一路"沿线国家的对外投资有显著的负面影响。

另外，从表 6.5 可以看出，汇率风险的上升无论在低收入国家还是高收入国家都对 FDI 有负向影响，且大多表现显著。这说明汇率风险比征用风险对 FDI 的影响更稳定，无论在低收入国家还是高收入国家，汇率波动性的降低都能在一定程度上提高"一带一路"国家的外商投资水平。

6.5　本章小结

本章使用 61 个"一带一路"沿线国家及地区三十年左右的面板数据，对因产权保护缺失所导致的征用风险与汇率风险对这一区域 FDI 的影响进行了实证研究，结果发现：总体而言，一国征用风险的上升确实会导致 FDI 的下降，在考虑了不同的估计方法以及征用风险的不同衡量指标之后，此结论依然稳健。此外，产权保护质量与该区域高收入国家的 FDI 正相关，而对低收入国家的影响较小，而汇率风险对 FDI 的影响一致且为负。"一带一路"沿线国家众多，不同国家或地区的差异较大，其主导的风险也各有不同，结合上述研究成果，本章提出如下对策建议：

首先，我国企业应完善在海外市场的产权布局，加强产权保护，尽可能规避所面临的征用风险。随着我国不断深入实施"一带一路"建设，我国企业进军海外市场的步伐不断加快，在这个过程中，不可避免地面临较高的产权侵权风险。企业在实施海外投资的过程中，应充分利用专业预警、技术分析等手段，为"走出去"战略保驾护航。深入了解并遵守当地关于产权及产权保护的法律和制度，在征用风险较高的国家或地区，应减少投资布局，重点关注产权保护质量较高的国家和地区。同时，鼓励多个企业共同参与，形成联盟，共同降低产权保护风险。

其次，政府部门主动发挥相应职责，推进签署与"一带一路"沿线各国贸易及投资合作的相关约定。由于"一带一路"沿线不少国家的产权保护法制还比较薄弱，针对外商投资项目的保护不利甚至没收征用还时有发生，为此，我国应积极开展与沿线各国贸易投资协定的签署，就与经贸相关的产权保护问题达成共识。"一带一路"倡议实现"资本畅通、共同繁荣"的目标，需要沿线各国促进产权保护法制建设，营造良好的产权保护氛围，减轻征用风险对 FDI 的负面影响。对低收入国家来说，尤其要健全产权保护法律法规，降低投资者疑虑，促进资本顺畅流入、流出。

再次，理性分析所投资国或地区的汇率风险。从"一带一路"沿线国家汇率波动的变化历程以及外商投资与汇率波动的关系来看，不同国家或地区面临着不同的汇率风险，而且对不同的国家或地区而言，汇率波动有着不同的趋势，其对外商投资也有着不同的影响。当前，中国正积极落实"一带一路"倡议，推进国际经济合作，在"走出去"的过程中必须理性分析我们所处的国际国内投融资环境以及贸易环境，积极地预测汇率走势，根据预测对不同的涉险项目采取不同的措施，着力防范汇率风险。同时，支持银行业金融机构根据"一带一路"沿线国家情况及特点，通过建立境外贷款制度、加强项目前期调研、合理设计项目结构、完善风险缓释机制等多种手段有效管控风险。

最后，鼓励企业使用各种汇率风险规避工具。企业自身应做好对业务中发生的外汇敞口头寸进行套期保值，以避免汇率波动可能带来的风险损失。2017 年 9 月 8 日，中国央行下发《中国人民银行关于调整外汇风险准备金政策的通知》，将境内金融机构代客远期售汇业务所需提取的外汇风险准备金率从 20% 调整为 0，这一举措进一步便利了企业规避外汇风险。同时，企业也可以利用保险公司以锁定自己的对外投资收益。在这方面，应继续鼓励保险机构进行产品创新和服务创新，加大对出口信用保险、海外投资保险和再保险等方面的支持力度推进保险公司不断提升承保理赔效率，为中国在"一带一路"沿线国家的投资项目提供保险保障。

第 7 章　资本流动征税方向与市场
效率——以中国资产交易
税调整为例

资本的流动通过交易活动进行，本章在不对称信息的条件下构建一个存在资产交易税时的理性预期均衡（REE）模型，说明了对不同的交易者征税会导致不同的市场效率。对买方征税与不存在资产交易税相比会降低风险资产均衡价格的波动性，对卖方征税相比对买卖双方分别征税提高了这种波动性。征税方向从买方转到卖方使未来回报在给定价格条件下的方差更小，均衡价格所蕴含的信息量更大。实证检验结果也验证了上述结论。

7.1　中国资产交易税调整情况

学界关于资产交易过程是否应该征税以及征收多少一直争论不休，而现实中，金融监管部门出于抑制投机、平滑市场的考虑多采用对交易过程征税的方式管制市场。近年来为减少对流动性的不利影响，大多数国家都有降低或取消股票交易税的趋势，也有很多文献针对这一市场摩擦与效率之间的关系进行研究。瓦亚诺斯和王（Vayanos & Wang，2009）构建了一个统一的分析框架，考虑了参与成本、交易成本、杠杆约束以及搜寻摩擦存在时对市场流动性和预期回报的影响。黄和王

（Huang & Wang，2010）认为当市场有成本时，仅仅异质性冲击就将导致内生的流动性需求及价格较大的偏离基础状态，而且文章证明了不同的政策工具可以导致不同效率的结果。本章构建了一个存在资产交易税时的理性预期均衡（REE）模型，说明了当对不同的交易者征税时，市场均衡价格所蕴含的信息量以及波动性也会不同，模型为本章的经验分析提供了理论基础，说明了纳税主体的不同对市场效率的影响。

我国税法规定，对证券市场上买卖、继承、赠予所确立的股权转让证据，按确立时实际市场价格计算的金额征收印花税。根据 2012 年中央财政预算的相关数据，证券交易印花税预算数为 450 亿元，而 2011 年执行数约为 425 亿元，增长 5.8%[①]。交易过程中的税费包括佣金（包括经手费和证管费）、过户费以及印花税。印花税增加了投资者的成本，也成为政府调控金融市场的工具。中国印花税历次调整的方向如表 7.1 所示。

表 7.1　　　　　　　　　中国印花税历次调整方向　　　　　　单位：‰

调整生效日期	旧税率	新税率	变化	征收方向
1990 年 7 月 1 日	0	6	6	卖方
1990 年 11 月 23 日	6	6	0	双向
1991 年 10 月 23 日	6	3	−3	双向
1997 年 5 月 10 日	3	5	2	双向
1998 年 6 月 12 日	5	4	−1	双向
2001 年 11 月 16 日	4	2	−2	双向
2005 年 1 月 24 日	2	1	−1	双向
2007 年 5 月 30 日	1	3	2	双向
2008 年 4 月 24 日	3	1	−2	双向
2008 年 9 月 19 日	1	1	0	卖方

注：为与正文的分析一致，表中的调整方向仅适用于 A 股。

---

① 3 月 24 日三大证券报财经要闻摘要［EB/OL］. 证券时报网，2012 - 03 - 24. http：//kuaixun. stcn. com/content/2012 - 03/24/content_5135201. htm。

关于证券交易税（STT）的学术讨论可以追溯到凯恩斯（Keynes），凯恩斯（1936）指出交易税可以增加长线投资对短期投机的相对比重，其直觉是 STT 可以打击投机交易。STT 的支持者们认为 STT 通过抑制投机者的过度交易可以降低市场波动（Tobin，1984；Summers & Summers，1989；Eichengreen et al.，1995）；另外，爱德华（Edwards，1993）以及施沃特和塞金（Schwert & Seguin，1993）指出尽管噪音交易者可能增加市场波动，但有信息的交易者通过抵消噪音交易者的影响能平稳市场，所以对有信息者及噪音交易者无歧视的增税对市场波动的影响并不确定。郭彦峰等（2012）采用事件研究法、回归分析法和对比分析法分析了交易税下调和上调前后累计 1~3 个月深证综合指数的流动性、波动性与效率性的变化，发现印花税与市场质量呈现负相关关系，税率上调的影响大于下调的影响，印花税下调整体改善了市场质量。王俊（2012）基于我国 A 股市场的相关数据进行的检验结果表明，股息和资本利得税率对除息日股价波动行为具有显著影响。

资产交易税与市场波动之间的关系并非绝对，为研究 STT 对市场波动性的影响，宋和张（Song & Zhang，2005）定义了交易者组合效应以及流动性效应，STT 的净影响取决于两种效应的相对大小及其相互作用，通过对德隆等（De Long et al.，1990）标准噪音交易模型进行修正，在一般均衡的框架下合理化了两种不同的观点，即在两个稳定均衡存在的情况下，STT 的增加会导致两个相反的结果。在菲拉克蒂斯和阿里斯蒂杜（Phylaktis & Aristidou，2007）的文中，用 GARCH-M/EGARCH-M 模型分析了在牛市、正常以及熊市时交易税与条件均值和方差之间的关系，结果发现交易税在牛市时与本应减少波动及过度交易相反，却增加了市场波动，而在熊市 STT 则降低了波动。史永东和蒋贤锋（2003）研究了中国股市证券交易税对市场波动性和噪声波动性的影响，结果表明税率上调会提高市场波动性和噪声波动性，税率下调会导致市场波动性和噪声波动性一定程度的下降。罗磊（2008）通过检验 1991~2008 年中国股市证券交易印花税税率变动对市场波动性的影响，发现上调和下调印花税税率对股市波动性的影响是非对称的；提高印花税税率显著影响了股市波动性，并具有加剧股市不稳定性的作用，而降低税率对波动性的影响并不显著。

近年来，越来越多的经验文章研究关于资产交易税与市场质量之间的关系，海亚希达和奥诺（Hayashida & Ono, 2011）从数量上分析了东京股市从 1995 年 4 月到 2003 年 3 月的数据，发现由于税收导致的交易成本增加显著降低了交易量。波美拉涅茨和威（Pomeranets & Weaver, 2011）用三种方法测度了市场质量，即：波动性、买卖差价以及交易量，通过分析纽约 STT 1932 ~ 1981 年的数据，得出结论，认为 STT 的征收导致了较大的买卖差价，较低的交易量，而与波动性没有一致的关系。苏和郑（Su & Zheng, 2011）利用中国 A 股市场的数据研究了 STT 的调整对交易量、市场波动及市场效率的影响，经验结果显示交易量在 STT 下降的时候显著上升而在税率上升时显著增加；而市场波动无论 STT 上升还是下降都呈现出增加的趋势，说明对股票交易征税并不能通过打击投机而稳定市场；另外文章认为，STT 的下降与市场效率之间的关系没有较强的经验证据支持。

也有文章从资产交易税与实体经济之间的关系上研究资产交易税的影响，徐（Xu, 2010）以及伦德沃伊等（Lendvai et al., 2013）在 DSGE 的框架下研究了资产交易税的影响。伦德沃伊等（2013）认为股票交易税（ETT）存在严重扭曲，在长期对实体部门的影响类似于对企业征税；同时，ETT 降低了市场波动，但这种波动性降低的稳定性回报在现实经济中很小。本杰明等（Benjamin et al., 1993）搜集了 352 个家庭户从 1987 年 2 月到 1989 年 6 月的房屋销售数据，其中 157 个来自费城，195 个来自相邻城市蒙哥马利；经验结果显示税收导致房价下降，这与卖方承担税收的结果一致。

从以上文献回顾可以看出，极少有文献从资产定价的角度研究资产交易税与市场效率之间的关系，在格罗斯曼和斯蒂格利茨（Grossman & Stiglitz，1980）以及海尔维格（Hellwig，1980）模型的基础上，本章考虑了在不对称信息条件下资产交易税征收方向的变化对市场效率的影响。市场中的投资者是异质的，同海尔维格（1980）类似，无信息的交易者对风险资产需求的异质性主要在于其风险厌恶水平不同。有信息的交易者能够观测到风险资产的真实价值，而无信息的交易者只能根据市场上的价格做出风险资产价值的判断。尽管如格罗斯曼和斯蒂格利茨（1980）一样，本章的模型仍是竞争性的，交易者为价格接受者，但这主要是因为市场中存在很多无信息的交易者；而且，行为人对均衡价格的影响并非如该文中假设不依赖于个人对信息的反应，而是与交易者的偏好即风险厌恶水平密切相关。海尔维格（1980）模型中众多交易者的存在让交易者为价格接受者这一假设合理化，但并未考虑存在有信息的交易者的情况。本章改进了上述模型，少数人（本章假设为只有一个有信息者，这可以大量简化模型，而并不影响本章的主要结论）拥有风险资产关于未来回报的私人信息，m 个风险厌恶程度不同的无信息的投资者只能观测到公共信息。

尽管已有的很多文献都研究了资产交易税的大小对资产价格的影响，但鲜有文献讨论不同的征税时间或税收承担者不同对资产价格波动性的影响，在投资者具有不对称信息的情况下，本章考虑了对不同对象征收资产交易税与市场效率之间的关系，本章的模型分析并不局限于资产交易税收的承担，也适用于一般的不对称信息条件下的资产定价。本章的主要结论为：首先，在 0 期对买方征税与未征税相比会降低风险资产均衡价格的波动性；其次，在 1 期对卖方征税相比 0 期和 1 期对买卖双方分别征税提高了风险资产均衡价格的波动性；最后，纳税主体的不同给均衡价格带来了更大的不确定性，征税方向从买方转到卖方使未来回报在给定价格条件下的方差更小，均衡价格所蕴含的信息量更大。通过利用 2008 年 9 月 19 日对买方取消资产交易税这一事件检验资产价格发现效率、价格波动性以及回报率波动的变化，也验证了上述结论。

7.2 基准模型——无资产交易税时的情形

市场中存在两种类型的投资者，可以观察到 θ 的有信息的交易者和只能观测到价格 P 的无信息的交易者。因为信息不对称问题在市场中普遍存在，掌握关于风险资产的所有信息对交易者来说十分困难，所以不可避免地，绝大多数交易者具有的都是不完全信息，为简化起见，本章假设这些交易者为市场中的无信息者。无信息的交易者数量众多，有信息的交易者数量较少，因有信息的交易者的交易量相对市场来说很小，所以所有的交易者都是价格接受者（见命题 1）。资本市场包含两种资产，无风险资产和风险资产。无风险资产在此相当于一般等价物，其价格及收益假定为 1；风险资产在 0 期价格为 P，在 1 期的回报为 v。变量 v 包含两个部分，$v = \theta + \varepsilon$，θ 可被有信息的投资者观察到，其服从均值为 θ_0，方差为 σ_θ^2 的正态分布；ε 为不可观测的扰动项，服从均值为 0，方差为 σ_θ^2 的正态分布。其中，θ 与 ε 为不相关的随机变量。

假设市场中有 m 个无信息的交易者，$i = 1, 2, \cdots, m$；仅有 1 个有信息的交易者。本章的模型为两期模型，交易者在 1 期消费，0 期不消费，与瓦亚诺斯和王（Vayanos & Wang, 2012）的假设相似，1 期的消费为其在 1 期的收入 $C_{1i} = W_{1i}$。资产只有转换成消费才能带来效用，而资产的购买或变现需要提交税率为 τ 的税收。

首先考虑无税收存在的情形，初始 0 期，第 i 个交易者具有 M_i 单位的无风险资产，X_i 单位的风险资产，所以其在 0 时期的禀赋为：

$$W_{0i} = M_i + PX_i \qquad (7.1)$$

交易者为风险厌恶者，其效用函数为 CARA 的形式，最大化消费的

期望效用 $E_i u_i(C_{1i}) = E_i[-e^{-\rho_i C_{1i}}]$，绝对风险厌恶系数 $\rho_i \in (0, \infty)$。基于上述假设，行为人对风险资产的需求独立于 0 期的初始禀赋 W_{0i}（Pratt，1964），而只依赖于价格 P 及交易者的信息集 G_i。

无信息的交易者加总的需求量记为 $X_I = \sum_{i=1}^{m} X_i$，且假定风险资产的总供给量为 L。综上，资本市场的出清条件为：

$$X_I + X_s + \tilde{u} = L \tag{7.2}$$

其中，$\tilde{u}$ 为噪音交易者，服从均值为 0，方差为 σ_u^2 的正态分布，且与 θ 与 ε 均不相关。

为了解出均衡，本章遵循标准的理性预期均衡（REE）的求解步骤，通过以下思路：构造一个线性的价格函数形式（Hellwig（1980）已证明此函数的存在性），交易者利用此价格函数推测资产的期望与方差，并进而决定自己的需求，而此价格函数恰使市场出清。在上述假设的基础上，交易者对风险资产的需求量为：

$$X_i = \frac{E(v|G_i) - P}{\rho_i Var(v|G_i)} \tag{7.3}$$

所以，有如下命题：

命题1：与格罗斯曼和斯蒂格利茨（1980）以及海尔维格（1980）的结论相似，有信息交易者和无信息的交易者对风险资产的需求量分别为：

$$X_s = \frac{\theta - P}{\rho_s \sigma_\varepsilon^2} \; ; \; X_i = \frac{E(v|P_w^0) - P}{\rho_i Var(v|P_w^0)} \tag{7.4}$$

其中，

$$E(v|P_w^0) = \theta_0 + \frac{\sigma_\theta^2}{Var P_w^0}(P_w^0 - \theta_0) \tag{7.5}$$

$$Var(v|P_w^0) = \sigma_\theta^2 + \sigma_\varepsilon^2 - \frac{\sigma_\theta^4}{Var P_w^0} \tag{7.6}$$

$$Var(P_w^0) = \sigma_\theta^2 + [\rho_s\sigma_\varepsilon^2]^2\sigma_u^2 \tag{7.7}$$

G_i 为交易者具有的信息集，有信息的交易者不仅可以观测到价格，还具有额外的私人信息并观测到风险资产的真实价值，所以 $G_i = \{\theta, P\}$；而对无信息的交易者来说，只能通过均衡价格来推测关于风险资产真实价值的信息，所以 $G_i = \{P\}$。从式（7.4）可以看出，如果风险厌恶程度没有明显区别，则有信息的交易者对风险资产的需求量与单个无信息交易者对风险资产的需求量就没有太大差别①，所以当无信息交易者的数量 m 众多时，可以认为交易者都为价格接受者。

令 $P_w^0 = \theta + \rho_s\sigma_\varepsilon^2\tilde{u}$，因为市场价格 P 是 P_w^0 的线性函数，所以有 $E(v|P) = E(v|P_w^0)$，$Var(v|P) = Var(v|P_w^0)$，观测到市场价格与观测到 P_w^0 对无信息的交易者来说是一样的。利用命题1，把交易者对风险资产的需求量代入市场出清条件得到均衡价格的表达式：$P^0 = b_1^0 P_w^0 + b_0^0$，其中 b_0^0 和 b_1^0 为常数。从式中可以看出，价格只部分揭示了风险资产的真实价值，如果 $\sigma_\varepsilon^2 = 0$，则价格函数完全揭示，无信息的交易者与有信息的交易者具有同样的信息质量。

7.3　存在资产交易税时模型的变化

7.3.1　在1期对卖方征税

到1期时，无风险资产的回报为1，风险资产的回报为 v，如果此时

---

① 分两种情况，当 σ_θ^2 相对于 $(\rho_s\sigma_\varepsilon^2)^2\sigma_u^2$ 很大时，$E(v|P_w^0)$ 趋于 θ，$Var(v|P_w^0)$ 趋于 σ_ε^2，此时有信息者的需求量与单个无信息者需求量之间的不同主要在于两者风险偏好的不同；当 σ_θ^2 相对于 $(\rho_s\sigma_\varepsilon^2)^2\sigma_u^2$ 很小时，$E(v|P_w^0)$ 趋于 θ_θ，而 σ_θ^2 的较小值意味着 θ 以较小的概率较大幅度偏离均值 θ_0，而同时 $Var(v|P_w^0)$ 趋于 σ_ε^2，所以有上文。

风险资产变现需要缴纳税率为 τ 的税收，税收对交易价值征收，则在 1 期，第 i 个交易者的收入为：

$$W_{1i} = M_i R + (1 - \tau) v X_i \tag{7.8}$$

遵循第 7.2 节的求解思路，得到命题 2：

命题 2：有信息交易者和无信息的交易者对风险资产的需求量分别为：

$$X_s = \frac{(1 - \tau)\theta - P}{\rho_s (1 - \tau)^2 \sigma_\varepsilon^2}; \quad X_i = \frac{(1 - \tau)E(v \mid P_w^1) - P}{\rho_i (1 - \tau)^2 Var(v \mid P_w^1)} \tag{7.9}$$

其中，

$$E(v \mid P_w^1) = \theta_0 + \frac{\sigma_\theta^2}{Var P_w^1}(P_w^1 - \theta_0) \tag{7.10}$$

$$Var(v \mid P_w^1) = \sigma_\theta^2 + \sigma_\varepsilon^2 - \frac{\sigma_\theta^4}{Var P_w^1} \tag{7.11}$$

$$Var(P_w^1) = \sigma_\theta^2 + [(1 - \tau)\rho_s \sigma_\varepsilon^2]^2 \sigma_u^2 \tag{7.12}$$

令 $P_w^1 = \theta + (1 - \tau)\rho_s \sigma_\varepsilon^2 \tilde{u}$，因为市场价格 P 是 P_w^1 的线性函数，所以有 $E(v \mid P) = E(v \mid P_w^1)$，$Var(v \mid P) = Var(v \mid P_w^1)$，把此代入交易者的需求函数即得交易者对风险资产的需求量。为得到均衡价格只需把交易者对风险资产的需求量代入市场出清条件即可，$P^1 = b_1^1 P_w^1 + b_0^1$，其中 b_0^1 和 b_1^1 为常数。

7.3.2　在 0 期对买方征税

考虑在风险资产进行交易时对买方征税的情况，并进而分析税收承担者或征税时间不同对资产价格以及波动性的影响。在风险资产买入时，税收对交易价值征收，所以其在 0 时期的禀赋为 $W_{0i} = M_i + (1 +$

$\tau)PX_i$。因为无风险资产的回报为 1, 风险资产的回报为 v, 所以在 1 期, 第 i 个交易者的收入为 $W_{1i} = M_i + vX_i = (W_{0i} - PX_i - \tau PX_i) + vX_i$。所以有命题 3:

命题 3: 有信息交易者和无信息的交易者对风险资产的需求量分别为:

$$X_s = \frac{\theta - P - \tau P}{\rho_s \sigma_\varepsilon^2}; \quad X_i = \frac{E(v \mid P_w^2) - P - \tau P}{\rho_i Var(v \mid P_w^2)} \tag{7.13}$$

其中,

$$E(v \mid P_w^2) = \theta_0 + \frac{\sigma_\theta^2}{Var P_w^2}(P_w^2 - \theta_0) \tag{7.14}$$

$$Var(v \mid P_w^2) = \sigma_\theta^2 + \sigma_\varepsilon^2 - \frac{\sigma_\theta^4}{Var P_w^2} \tag{7.15}$$

$$Var(P_w^2) = \sigma_\theta^2 + [\rho_s \sigma_\varepsilon^2]^2 \sigma_u^2 \tag{7.16}$$

令 $P_w^2 = \theta + \rho_s \sigma_\varepsilon^2 \tilde{u}$, 在各参数不变的情况下, P_w^2 与 P_w^0 相等, 所以在对买方征税的情况与未征税的情况相比, 风险资产的条件期望与条件方差也都未变。把式 (7.13) 求得的风险资产的需求量代入市场出清条件, 得到均衡价格为 $P^2 = b_1^2 P_w^2 + b_0^2$, 其中 b_0^2 和 b_1^2 为常数。

7.3.3 在 0 期和 1 期对买卖双方同样征税

初始 0 期, 第 i 个交易者具有 W_{0i} 的禀赋用来购买 M_i 单位的无风险资产, 以及 X_i 单位的风险资产, 而购买风险资产除了要付出资产价格, 还要支付以风险资产总额计算的税收, 所以其在 0 时期的约束为:

$$W_{0i} = M_i + PX_i + \tau PX_i \tag{7.17}$$

其中, τ 为税率。在 1 期, 第 i 个交易者的收入为把无风险资产与风险资产分别变现之后的财富总和，即 $W_{1i} = M_i R + (1 - \tau)vX_i$。无风险资产的回报标准化为 1，通过求解理性预期均衡（REE）得到命题 4：

命题 4：有信息交易者和无信息的交易者对风险资产的需求量分别为：

$$X_s = \frac{(1 - \tau)\theta - P - \tau P}{\rho_s (1 - \tau)^2 \sigma_\varepsilon^2} ; \quad X_i = \frac{(1 - \tau)E(v \mid P_w^3) - P - \tau P}{\rho_i (1 - \tau)^2 Var(v \mid P_w^3)}$$

$$(7.18)$$

其中，

$$E(v \mid P_w^3) = \theta_0 + \frac{\sigma_\theta^2}{Var P_w^3}(P_w^3 - \theta_0) \tag{7.19}$$

$$Var(v \mid P_w^3) = \sigma_\theta^2 + \sigma_\varepsilon^2 - \frac{\sigma_\theta^4}{Var P_w^3} \tag{7.20}$$

$$Var(P_w^3) = \sigma_\theta^2 + [(1 - \tau)\rho_s \sigma_\varepsilon^2]^2 \sigma_u^2 \tag{7.21}$$

令 $P_w^3 = \theta + (1 - \tau)\rho_s \sigma_\varepsilon^2 \tilde{u}$，因为此时的市场价格 P 是 P_w^3 的线性函数，所以有 $E(v \mid P) = E(v \mid P_w^3)$，$Var(v \mid P) = Var(v \mid P_w^3)$，观测到市场价格与观测到 P_w^3 对无信息的交易者来说是一样的。利用命题 4，把交易者对风险资产的需求量代入市场出清条件得到均衡价格的表达式：$P^3 = b_1^3 P_w^3 + b_0^3$，其中 b_0^3 和 b_1^3 为常数。

7.3.4 均衡分析——征税时间对资产价格及波动性的影响

在本章的模型设定下，针对不同对象征收资产交易税或在不同时期征税将对均衡价格蕴含的信息量、市场效率以及资产价格的波动性产生不同的影响。

命题 5：在不同时间或对不同对象征税时有 $\rho_\theta^3 = \rho_\theta^1 > \rho_\theta^2 = \rho_\theta^0$，$\rho_\theta$ 为均衡价格 P 与 θ 的相关系数，即对卖方征税时均衡价格所蕴含的信息量

要大于对买方征税时所蕴含的信息量。

上述关系式可以通过相关系数的定义，及均衡价格的简化形式 $P = b_1\theta + b_2\tilde{u} + b_0$ 求出。$\rho_\theta \to 1$ 时，价格 P 几乎可以完全地反映风险资产的真实价值，此时，相比无信息的投资者，有信息者并不能从自己的私人信息中得到更多好处。若 σ_u^2 趋近于 0，$\rho_\theta \to 1$，这种情况下征税时间或税收承担者不同不会对价格所蕴含的信息量产生影响。格罗斯曼和斯蒂格利茨（1980）证明了 ρ_θ 与信息质量（用 $\sigma_\theta^2/\sigma_\varepsilon^2$ 来表示）、获得信息的成本以及交易者的风险厌恶水平相关。一般情况下，均衡价格与风险资产的真实价值之间的相关系数，对买方征税时与不存在资产交易税情况时相等；而对卖方征税与对买卖双方同样征税情况时相等；同时前两者又小于后两者。在 1 期对卖方征税时得到的均衡价格，其蕴含的关于风险资产真实价值的信息量与对买卖双方分别征税时候的信息量一致；且高于在 0 期对买方征税时所蕴含的信息量及不存在资产交易税时候的信息量。命题 5 显示当从只对卖方征税调整到对买卖双方同样征税时，均衡价格所蕴含的信息量并不会变化，反之亦然。

除了风险资产的价值与均衡价格之间的相关系数外，条件支付方差也在一定程度上反映了价格中的信息量，而在不同时间或对不同对象征税时条件支付方差之间的大小关系满足如下命题。

命题 6：保持 σ_θ、σ_ε、σ_u 以及 ρ_s 为常数，条件支付方差满足下述关系 $Var(v|P^3) = Var(v|P^1) < Var(v|P^2) = Var(v|P^0)$，即信息不对称时，给定价格水平条件下对买方征税时风险资产回报的条件方差要大于对卖方征税时风险资产回报的条件方差。

因为市场均衡价格 P 是 P_w 的线性函数，所以有 $Var(v|P^n) = Var(v|P_w^n)$，其中 $n = 0$，1，2，3。而在 σ_θ、σ_ε、σ_u 以及 ρ_s 一定的条件下，从上述分析中很容易看出有如下关系 $Var(v|P_w^3) = Var(v|P_w^1) < Var(v|P_w^2) = Var(v|P_w^0)$。凯尔（Kyle，1985）用条件支付方差测度价

格中的信息大小。条件支付方差一定程度上反映了市场的效率，条件支付方差越大，无信息的交易者越不容易推测出风险资产的真实价值。命题 6 说明了在 0 期对买方征税与不存在资产交易税时的条件支付方差相等，在 1 期对卖方征税与在 0 期和 1 期对买卖双方分别征税时的条件支付方差一致；而前两种情况的条件支付方差大于后两种情况。

已有的很多文献都研究了资产交易税的大小对资产价格的影响，但鲜有文献讨论不同的征税时间或税收承担者不同对资产价格波动性的影响，在上述分析的基础上本章有命题 7。

命题 7：价格的波动性呈现如下关系：$Var(P^3) < Var(P^1)$ 及 $Var(P^2) < Var(P^0)$，尤其当 $\tau > \dfrac{2\rho_s^2\sigma_\varepsilon^2\sigma_u^2}{2\rho_s^2\sigma_\varepsilon^2\sigma_u^2 + n}$ 时，有 $Var(P^3) < Var(P^1) < Var(P^2) < Var(P^0)$ 成立。

因为 $P_w^3 = P_w^1$，而 $b_1^3 < b_1^1$，又由 $Var(P^3) = (b_1^3)^2 Var(P_w^3)$ 得到 $Var(P^3) < Var(P^1)$；同理，$Var(P^2) < Var(P^0)$ 成立。所以，在 0 期和 1 期对买卖双方分别征税时的价格波动小于在 1 期对卖方征税时的情形；而对买方征税时的价格波动又小于不存在资产交易税时的情形。

传统的有效市场假说认为资产价格的变化是由关于未来回报的新信息造成，奥索莱夫和沃纳（Ozsoylev & Werner，2011）证明了在不对称信息和资产供给有噪音的模糊条件下，理性预期均衡（REE）会存在过度波动。金德环和汪宇明（2012）基于中国 A 股日回报率数据的分析结果表明存在过度波动。依据本章的假设，当 $\tau > \dfrac{2\rho_s^2\sigma_\varepsilon^2\sigma_u^2}{2\rho_s^2\sigma_\varepsilon^2\sigma_u^2 + n}$ 时有 $b_1^1 < b_1^2$。其中 $n = \dfrac{\sigma_\theta^2}{\sigma_\varepsilon^2}$ 为信息质量，当信息质量足够高以致 $n \to \infty$ 时，一定有不等式成立，并有 $b_1^1 < b_1^2$。从以上关系可以看出，当从对买卖双方同样征税变为只对卖方征税时，价格波动性将会提高；而当从只对卖方征收资产交易税变成对买卖双方同样征收时，价格波动性将会降低。当税率

满足一定的条件时，对卖方征税时价格的波动性小于对买方征税时价格的波动性。

7.4　征税方向对市场效率影响的经验分析

针对计量检验数据的选择，借鉴以往文献的做法，选取中国的三种指数：上证指数、深证综指、沪深 300 指数，以及在美国纽交所上市的中国公司数据的综合指数。如琼斯和塞金（Jones & Seguin，1997）所说，采用资产组合而非单只股票的回报率，其一是因为大多数投资者持有多种股票的多样化资产组合而只关心总的资产组合的绩效；其二是因为资产组合回报的计算误差会少于单只股票。为便于对比分析，应选与在国内上市的公司面临同样的经济力量，却未受纳税主体变化影响的企业数据，为此选取早在 2008 年已在纽交所上市的中国公司股票资产组合的相关数据。笔者根据新浪财经个股的历史价格整理了包括 36 只股票的日开盘价格和收盘价格，计算资产组合回报率即价格波动时各股票所占权重相等。上证指数、深证综指和沪深 300 指数的数据来自国泰安数据库。

我国股票交易印花税的征收方向共有两次变化：第一次为 1990 年 11 月 23 日从只向卖方征收到对买卖双方同时征收；第二次为 2008 年 9 月 19 日从对买卖双方同时征收到只对卖方征收。为与在纽交所上市的中国公司数据进行比较（1992 年起中国公司开始在美国上市），本章选择第二次变化进行数据分析。我国从 2008 年 9 月 19 日起对证券交易印花税单向征收，因中国与美国市场开盘日期的不同，很多日期并不对应，所以尽管可以如琼斯和塞金（1997）那样直接用差中差方法做计量检验，但会损失部分数据样本。又因 2008 年 4 月份印花税从 3‰ 降到 1‰，为避免数据污染，样本区间选择事件发生的前后各三个月，即从

2008 年 6 月 19 日至 2008 年 12 月 19 日。表 7.2 为资产组合回报率的描述性统计。

表 7.2　　　　　　　　　　**资产组合回报率的描述性统计**

资产组合	股票数量	平均值	标准差	最大值	最小值
ADR	36	− 0.0026823	0.0311528	0.0752247	− 0.0804516
Sh_return	上交所上市 所有股票	0.000169	0.0261938	0.0818013	− 0.0591604
Sz_return	深交所上市 所有股票	0.0006669	0.0273512	0.0769301	− 0.0670412
Hz300_return	300	0.0007238	0.0282551	0.0859848	− 0.068153

资料来源：*ADR* 为笔者根据新浪财经个股的历史价格整理。上证指数、深证综指和沪深 300 指数的数据来自国泰安数据库。

表 7.2 中 *ADR* 为早在 2008 年已在纽交所上市的中国公司股票的资产组合，资产组合中股票所占权重相等。*Sh_return* 表示上证指数的回报率；*Sz_return* 为深证综指的回报率；*Hz300_return* 为沪深 300 指数的回报率。资产组合回报率 =（收盘价 − 开盘价）／开盘价。

7.4.1　取消对买方征税与价格发现

根据刘（Liu，2007）为分析交易税总的效率影响而设定的转换一阶自相关模型，为分析对买方取消征收资产交易税与价格发现之间的关系，本章设定如下计量模型：

$$R_t = \alpha + \delta R_{t-1} + \gamma D_t \times R_{t-1} + \varepsilon_t \qquad (7.22)$$

其中，R_t 为资产组合在 t 期的回报率；D_t 为虚拟变量，在 2008 年 9 月 19 日之前为 0，之后其值为 1。表 7.3 为估计结果。

表 7.3   **纳税主体的变化与价格发现的计量估计**

资产组合	α	δ	γ	R^2
ADR	-0.0029181 (0.003)	-0.0444681 (0.132)	-0.0028923 (0.183)	0.0024
Sh	0.001744 (0.002)	-0.0276864 (0.099)	-0.2706323 (0.176)	0.0667
Sz	0.0022151 (0.003)	0.0132555 (0.107)	-0.1797738 (0.190)	0.0183
Hz300	0.0024016 (0.003)	-0.001276 (0.111)	-0.2713327 (0.179)	0.0530

注：括号中的数字为稳健标准误。

因为开市交易时间不同，在 2008 年 9 月 19 日前后各三个月，资产组合 ADR 的回报率数据有 129 个样本，而上证指数、深证综指和沪深 300 指数均只有 126 个样本。四个资产组合的公共区间共有样本 123 个。表 7.3 中列出了各个资产组合的相关参数估计量以及对应的 t 统计量，第三列为一阶自相关系数，从 t 统计量的值可以看出，各资产组合指数的一阶自相关系数均不显著，且除深证综指外，其他资产组合指数的一阶自相关系数为负值。如传统文献假设的那样，一阶自相关系数可以反映价格发现的效率。从第四列结果可以看出，对资产组合 ADR 来说，放松管制即对买方取消了资产交易税时，一阶自相关系数绝对值较小且极不显著，这与 ADR 不受放松管制的影响相一致。相比 ADR，上证指数、深证综指以及沪深 300 指数（Sh、Sz 以及 Hz300）当对买方取消了资产交易税之后，资产组合回报率的一阶自相关系数下降较多，且较为显著（Sh 和 Hz300 均在 15% 的显著性水平下显著）。这与刘（2007）的结果相似。相比之下，深证综指价格发现的效率在放松管制之后变化较小。所以综合而言，对买方取消资产交易税对中国股市指数价格发现效率的影响并不明确。

7.4.2　纳税主体变化与资产组合波动性

为衡量对买方取消征收资产交易税对资产组合波动性的影响，本章设定下列计量模型进行检验：

$$(\pi/2)^{1/2}\,|R_t| = \beta_0 + \beta_1 D_t + \varepsilon_t \qquad (7.23)$$

琼斯和塞金（1997）也利用该模型研究了 1975 年 5 月 1 日美国股票市场交易成本的变化与价格波动性之间的关系。得到的计量估计结果如表 7.4 所示。

表 7.4　　　　纳税主体变化与资产组合波动性的计量估计结果

资产组合	β_0	β_1	$\beta_0 + \beta_1$
ADR	0.0409606 *** (0.004)	− 0.0222108 *** (0.004)	0.01875
Sh	0.0218766 *** (0.003)	0.0057934 (0.004)	0.02767
Sz	0.02517 *** (0.003)	0.0034816 (0.004)	0.028652
*Hz*300	0.023918 *** (0.003)	0.0065427 (0.004)	0.030461

注：括号中的数字为稳健标准误；*** 、** 、* 分别表示在 1%、5%、10% 的水平上显著。

从表 7.4 第四列可以看出，在对买方取消了资产交易税之后，上证指数、深证综指和沪深 300 指数的波动明显高于 *ADR* 资产组合；而交易税取消之前，上证指数、深证综指和沪深 300 指数的波动小于 *ADR* 资产组合，即对买方取消资产交易税提高了资产组合的波动性，且 Wald 检验显示对资产组合 *ADR* 波动估计的虚拟变量系数显著异于另外三个方程。以上主要结论与琼斯和塞金（1997）中的交易税与波动正相关的结论并不一致。

7.4.3 纳税主体变化与价格波动

为考察对买方取消资产交易税对价格波动性的影响，本章采用如下计量方程进行检验：

$$VarP_t = \lambda_0 + \lambda_1 D_t + \varepsilon_t \qquad (7.24)$$

其中，$VarP_t$ 表示 t 时刻的价格波动，用一天中最高与最低价格比的自然对数，即 $\ln(p^h/p^l)$ 表示，p^h 与 p^l 分别表示一天之内的最高和最低价。刘（2007）在研究资产交易税的变化对总交易额的边际影响时也用了这一数据衡量价格波动性。

计量结果如表 7.5 所示。从表 7.5 中可以看出，在对买方取消了资产交易税之后，上证指数、深证综指和沪深 300 指数的价格波动性均有所提高；ADR 资产组合的虚拟变量前面系数为负，而上证指数、深证综指和沪深 300 指数的虚拟变量前面系数均为正数，表明在对买方取消了资产交易税之后，上证指数、深证综指和沪深 300 指数的价格波动增加，尽管这种提高并不显著。

表 7.5 纳税主体变化与价格波动的计量估计结果

资产组合	λ_0	λ_1	$\lambda_0 + \lambda_1$
ADR	0.0936428 *** (0.003)	− 0.0369027 *** (0.004)	0.05674
Sh	0.0334906 *** (0.002)	0.0039456 (0.003)	0.037436
Sz	0.0354914 *** (0.002)	0.0005011 (0.003)	0.035993
$Hz300$	0.0358646 *** (0.002)	0.0034625 (0.003)	0.039327

注：括号中的数字为稳健标准误；***、**、* 分别表示在 1%、5%、10% 的水平上显著。

7.4.4　纳税主体的变化与资产组合回报及其波动的稳健性检验

为进一步检验对买方征税的变化对各资产组合回报及其波动变化的影响，本章借鉴辛哈与马瑟（Sinha & Mathur，2012）及巴尔塔吉等（Baltagi et al.，2006）的做法，在标准的 GARCH 模型中引入一个虚拟变量，得到修正后的 GARCH 模型：

$$R_t = \alpha_0 + \alpha_1 D_t + \varepsilon_t \tag{7.25}$$

$$Var(\varepsilon_t) = \sigma_t^2 = \exp(\gamma_0 + \gamma_1 D_t) + \gamma_2 \varepsilon_{t-1}^2 + \gamma_3 \sigma_{t-1}^2 \tag{7.26}$$

如果虚拟变量前面系数显著，说明纳税主体的变化产生了影响。回归结果参见表 7.6。

表 7.6　　纳税主体的变化与指数回报之间的计量估计结果

资产组合	α_0	α_1	γ_0	γ_1	γ_2	γ_3
ADR	−0.0034725 (0.005)	0.0004233 (0.005)	−6.714611 *** (0.372)	−1.685271 *** (0.394)	0.022447 (0.130)	0.2208517 (0.283)
Sh	−0.0030416 (0.003)	0.0065309 (0.004)	−9.127379 *** (2.570)	0.5848819 (1.006)	0.1263215 (0.123)	0.5972847 (0.574)
Sz	−0.0028678 (0.003)	0.0061455 (0.005)	−9.01964 * (5.034)	0.0362199 (0.716)	0.0877089 (0.122)	0.6901918 (0.999)
*Hz*300	−0.0030051 (0.003)	0.0073896 (0.005)	−8.362871 *** (1.798)	0.2395132 (0.545)	0.1778977 (0.180)	0.4357005 (0.695)

注：括号中的数字为标准误；***、**、*分别表示在1%、5%、10%的水平上显著。

沪深 300 指数采用可用的最多样本数进行计算时，常数项未返回数值，所以表 7.6 中，沪深 300 指数的计量检验用了公共区间的样本数，其他资产组合各自采用了可以用的最多的样本数进行计算。表 7.6 可以看作是表 7.3 和表 7.4 的稳健性检验，从表 7.6 可以看出，修正后的 GARCH 模型中均值方程的虚拟变量前面系数均为正，但都未通过显著性水平为 10% 的检验，说明对买方取消资产交易税的管制放松政策，对资产组合回报率的影响并不明显，计量结果并不能推断纳税主体的变化提高或者降低了资产组合的回报率，这与表 7.3 中的结果相一致；而方差方程中虚拟变量的系数前面符号对资产组合 *ADR* 来说为负，对上证指数、深证综指以及沪深 300 指数为正，尽管并不显著，说明对买方取消资产交易税增加了回报率的波动性，这与表 7.4 中的结果相一致，说明本章的计量结果是稳健的。

7.5　本章小结

本章通过构建一个存在资产交易税时的理性预期均衡（REE）模型，在交易者具有不对称信息的条件下，研究了在不同时期或对不同对象征收资产交易税与市场效率之间的关系，主要得出以下结论。

第一，对买方征税与不存在资产交易税相比会降低风险资产均衡价格的波动性；而对卖方征税相比对买卖双方分别征税提高了风险资产均衡价格的波动性。利用 2008 年 9 月 19 日对买方取消股票交易印花税这一事件进行的计量结果显示，对买方取消资产交易税的管制放松提高了资产组合的波动性，上证指数、深证综指和沪深 300 指数的价格波动性在对买方取消资产交易税之后均有所提高，尽管这种提高并不显著。

第二，纳税主体的不同给均衡价格带来了更大的不确定性，征税方向从买方转到卖方使未来回报在给定价格条件下的方差更小，均衡价格所蕴含的信息量更大。而与理论模型中命题 5 的结果一致，计量结果发现，从对买卖双方分别征税，到只对卖方征税这一变化与价格发现之间

的关系并不显著，取消买方的资产交易税对中国股市指数价格发现效率
的影响并不明确。

　　本章的研究对政府如何调控金融市场以及房产市场，形成合理的价
格预期有重要的启示意义。因为数据限制，本章的计量检验仅局限于从
对买卖双方同样征税，到对买方取消资产交易税这一变化对价格发现及
波动性的影响方面，而纳税主体从卖方到买方以及其他的变化对市场效
率的影响还有待进一步的研究。另外，在长期动态的模型中纳税主体的
变化对价格发现以及市场波动的影响也需深入探讨。

第8章 结论与研究展望

8.1 主要结论

本书围绕通过商品贸易进行的隐蔽套息交易展开研究，首先对国际资本流动的风险、动机及影响的相关研究进行了回顾，总结出目前学界取得的研究进展及面临的研究局限。在此基础上，本书从理论和实证两个角度出发，对国际资本流动与资本管制、国际资本流动与中国的贸易失衡以及国际资本流动与商品市场套息之间的关系进行了详细分析。本书的结论主要包括以下几点：

第一，如果本国加强资本流出管制且当国内利率高于本国居民投资到国外的收益率时，当期本国年轻人的消费下降、储蓄上升；如果国内利率高于本国居民投资到国外的收益率，当资本流出管制强于流入管制时，本国将为顺差国；相比封闭、自给自足的经济体，允许资本有管制的流动时，如果资本流入管制强于资本流出管制，则存在资本管制时均衡的利率水平大于封闭时期的利率水平，即有管制的开放资本市场将会提高利率水平。

第二，近些年尤其是人民币具有升值预期的时期，来自中国香港的顺差尤其是出口缺口中存在着显著的人民币套息交易行为。2005年7月人民币开始升值之后，人民币作为投资货币的套息交易能获得较高收益，但因为我国资本项目存在管制，直接进行人民币套息的成本较高，所以有很多资本通过虚假贸易的渠道流入国内。本书通过检验发现，隐蔽的套息交易主要是外资（独资）企业以及其他性质的企业（如集体企业）通过易储存、保值行业的商品以高报出口的方式进行，而其他类型的企业比外资（独资）企业对利率的作用更加敏感。

　　第三，基于四种测度商品流动性的方法，本书发现国际大宗商品市场存在显著的流动性共性。尽管商品之间的差别较大，商品市场总体的流动性对各个商品的影响有很大的不同，但是在商品市场上流动性对套息收益也是一个重要的风险因子。当市场流动性风险较低时，农业类商品的绩效较好，而在危机时金属类商品可能将具有更好的表现，所以从投资者的角度来说，构建资产组合时应综合配置农业类和金属类商品。另外，当整体的商品市场流动性风险提高时，流动性强的商品具有更好的避险功能，所以无论配置那一类资产，都应该选择流动性较高的商品资产。大宗商品交易的风险不仅影响物价稳定，对经济的健康平稳运行也是很大的威胁，为防止恶性事件再次发生，需要做好大宗商品市场的风险控制工作。

　　第四，征用风险和汇率波动是影响一国外商直接投资水平的重要因素，而其影响效果会因国家和时间的不同而不同。总体而言，一国征用风险的上升确实会导致 FDI 的下降，且用不同的估计方法以及不同的征用风险衡量指标之后，估计结果基本一致；此外，产权保护质量的提高有助于高收入国家 FDI 的增加，而对低收入国家没有显著影响；无论是高收入国家还是低收入国家，汇率波动都对 FDI 具有负向影响。"一带一路"沿线各国应不断提高产权保护质量，并积极签署双（多）边贸易投资合作协定，以有效降低征用风险；企业在境外投资过程中应充分认识并积极应对汇率风险。

　　第五，金融监管部门出于抑制投机、平滑市场的考虑多采用对交易过程征税的方式管制市场。尽管已有的很多文献都研究了资产交易税的大小对资产价格的影响，但鲜有文献讨论不同的征税时间或税收承担者不同对资产价格波动性的影响。本书发现对不同的交易者征税会导致不同的市场效率。对买方征税与不存在资产交易税相比会降低风险资产均衡价格的波动性，对卖方征税相比对买卖双方分别征税提高了这种波动性。征税方向从买方转到卖方使未来回报在给定价格条件下的方差更小，均衡价格所蕴含的信息量更大。实证检验结果也验证了上述结论。

8.2　研究展望

尽管笔者付出了艰苦努力，但由于受到各种条件的局限，本书仍存在许多不成熟之处，有待今后进一步深入研究。

（1）在研究资本管制、套息机会与贸易失衡之间的关系时，为简化模型，本书设定资本管制强度是本国人均储蓄的线性函数，且假定监管方从量上对资本流动进行直接控制。而实际上，资本管制的方式多样，对资本流入和流出的管制方式也有很大不同。另外，我国的资本项目正日益开放，如何在大规模资本流动的背景下进行资本监管，以及引入不同的资本监管手段也需要设计新的模型予以考虑。

（2）在对投资者投资国外资产的形式进行分析时，本书假设只有一种资产类型。现实中，尽管政府部门实施的资本管制对国内投资者投资国外资产的方式、规模以及国外投资者投资国内资产的方式、规模有所限制，但消费者在国内或国外的资产投资上仍然有多种选择，而引入多种资产需要在模型中引入不确定性，这也将是后续研究的重点。

（3）受到数据可得性的限制，本书只是从宏观层面检验了人民币套息与经常账户之间的关系，并没有从微观的企业层面数据进行分析，而微观数据往往更能说明企业的交易行为；另外，分析不对称资本管制时，本书只是运用理论模型说明，也并未从经验方面研究不对称资本管制对贸易失衡以及不对称资本管制对套息收益的影响，这将是未来研究的重要方向。

（4）国际商品贸易同时伴随着外汇的结算，所以，外汇市场流动性与商品市场流动性之间的关系也深刻影响着套息交易的收益，但是本书只研究了商品的流动性与商品套息收益的关系，并没有分析外汇市场流动性与商品市场流动性之间的关系。在不同的时间区间如金融危机前及金融危机后，流动性风险可能有不同的表现，流动性风险对不同商品套息收益的影响也可能会有变化，本书并没有考虑这些，如果在今后的研究工作中予以考虑，将使相关论证更加详实。

（5）在分析征税方向及征税对象对市场效率的影响时，本书仅局限于从对买卖双方同样征税到对买方取消资产交易税这一变化对价格发现及波动性的影响方面，而纳税主体从卖方到买方以及其他的变化对市场效率的影响还有待进一步的研究；另外，在长期动态的模型中纳税主体的变化对价格发现以及市场波动的影响也需未来深入探讨。

附　录

附表 1   变量及其描述性统计

变量	变量定义（单位）	样本量	均值	标准差	最小值	最大值
tsur	全国总的进出口差额（亿美元）	240	105.469	123.537	−314.83	544.764
shibor	SHIBOR（%）	228	4.247	2.848	1.022	12.724
usdlibor	美元 LIBOR（%）	240	3.022	2.366	0.15	6.691
gap	出口缺口（亿美元）	240	1.767	45.602	−52.490	232.62
hksur	来自中国香港的顺差（亿美元）	240	111.350	95.996	11.731	465.621
bondindex	OECD 国家十年期国债月度利率算数平均（%）	240	5.112	1.169	2.291	8.911
ussentindex	美国消费者信心指标	240	121.047	18.885	77	155.9
dcpi	当月居民消费价格环比涨跌率（%）	239	0.176	0.820	−1.8	2.6
addvalue	规模以上工业企业增加值的当月同比实际增速（%）	240	12.691	4.238	−2.4	28.43
pound	英镑 LIBOR（%）	240	3.986	2.404	0.463	7.686
engsur	来自英国的顺差（亿美元）	240	12.227	10.563	−0.207	37.621
ussur	来自美国的顺差（亿美元）	240	87.918	70.285	3.086	262.838

变量	变量定义（单位）	样本量	均值	标准差	最小值	最大值
usbond	美国十年期联邦政府证券收益率（%）	240	4.377	1.447	1.53	7.78
cnbond	全国银行间债券质押式回购交易的加权平均利率（%）	180	3.040	1.336	0.96	7.81
sole	来自外资（独资）企业的进出口差额（亿美元）	240	43.055	48.955	−14.524	202.221
comanage	来自中外合作经营企业的进出口差额（亿美元）	240	3.831	3.359	−6.125	11.213
jointven	来自中外合资经营企业的进出口差额（亿美元）	240	8.887	16.839	−35.626	57.643
foreign	来自外商投资企业的进出口差额（亿美元）	240	55.773	64.681	−56.275	261.856
stateown	来自国有企业的进出口差额（亿美元）	240	−51.350	86.390	−280.55	47.73
others	来自其他企业的进出口差额（亿美元）	240	101.051	123.116	−22.181	528.341
one	第一个行业总的进出口差额（亿美元）	240	1.686	1.662	−8.192	5.249
two	第二个行业总的进出口差额（亿美元）	240	−7.471	11.866	−45.091	4.223
three	第三个行业总的进出口差额（亿美元）	240	−4.117	3.464	−13.365	−0.243
four	第四个行业总的进出口差额（亿美元）	240	6.109	3.579	0.041	14.119

续表

变量	变量定义（单位）	样本量	均值	标准差	最小值	最大值
five	第五个行业总的进出口差额（亿美元）	240	−115.53	133.467	−457.13	1.549
six	第六个行业总的进出口差额（亿美元）	240	−10.407	7.765	−38.967	1.522
seven	第七个行业总的进出口差额（亿美元）	240	−10.710	7.796	−40.921	7.015
eight	第八个行业总的进出口差额（亿美元）	240	8.492	6.492	1.280	28.859
nine	第九个行业总的进出口差额（亿美元）	240	−0.084	2.280	−10.982	4.942
ten	第十个行业总的进出口差额（亿美元）	240	−4.244	2.071	−11.790	3.798
eleven	第十一个行业进出口差额（亿美元）	240	84.984	68.114	7.533	262.470
twelve	第十二个行业进出口差额（亿美元）	240	22.478	16.681	4.819	75.696
thirteen	第十三个行业进出口差额（亿美元）	240	10.352	10.425	0.884	45.973
fourteen	第十四个行业进出口差额（亿美元）	240	4.836	10.167	−7.615	74.016
fifteen	第十五个行业进出口差额（亿美元）	240	11.884	24.810	−26.853	102.917
sixteen	第十六个行业进出口差额（亿美元）	240	84.828	112.716	−60.481	407.901
seventeen	第十七个行业进出口差额（亿美元）	240	5.694	11.542	−26.434	36.993

变量	变量定义（单位）	样本量	均值	标准差	最小值	最大值
eighteen	第十八个行业进出口差额（亿美元）	240	-13.940	12.455	-37.506	2.272
nineteen	第十九个行业进出口差额（亿美元）	240	0.073	0.136	-0.779	0.676
twenty	第二十个行业进出口差额（亿美元）	240	43.882	36.595	4.627	141.030
twentyone	第二十一个行业进出口差额（亿美元）	240	0.075	0.214	-1.252	1.118
twentytwo	第二十二个行业进出口差额（亿美元）	240	-13.395	27.573	-170.46	1.753
*two*1	第二个行业来自中国香港的进出口差额（亿美元）	240	0.511	0.413	0.114	2.573
*three*1	第三个行业来自中国香港的进出口差额（亿美元）	240	0.092	0.134	-0.008	1.155
*four*1	第四个行业来自中国香港的进出口差额（亿美元）	240	1.202	0.670	0.379	3.956
*five*1	第五个行业来自中国香港的进出口差额（亿美元）	240	2.315	2.057	0.108	9.069
*six*1	第六个行业来自中国香港的进出口差额（亿美元）	240	1.083	0.555	0.232	3.522
*seven*1	第七个行业来自中国香港的进出口差额（亿美元）	240	1.370	0.926	0.243	4.991

变量	变量定义（单位）	样本量	均值	标准差	最小值	最大值
*eight*1	第八个行业来自中国香港的进出口差额（亿美元）	240	1. 475	0. 648	0. 413	3. 550
*nine*1	第九个行业来自中国香港的进出口差额（亿美元）	240	0. 249	0. 093	0. 086	0. 579
*ten*1	第十个行业来自中国香港的进出口差额（亿美元）	240	0. 744	0. 558	- 0. 070	1. 956
*eleven*1	第十一个行业来自中国香港的进出口差额（亿美元）	240	10. 824	3. 079	3. 877	18. 624
*twelve*1	第十二个行业来自中国香港的进出口差额（亿美元）	240	1. 047	0. 476	0. 365	2. 919
*thirteen*1	第十三个行业来自中国香港的进出口差额（亿美元）	240	0. 763	0. 561	0. 112	3. 051
*fourteen*1	第十四个行业来自中国香港的进出口差额（亿美元）	240	8. 177	14. 777	0. 372	111. 527
*fifteen*1	第十五个行业来自中国香港的进出口差额（亿美元）	240	2. 386	1. 230	0. 039	6. 185
*sixteen*1	第十六个行业来自中国香港的进出口差额（亿美元）	240	64. 824	64. 660	2. 020	304. 046
*seventeen*1	第十七个行业来自中国香港的进出口差额（亿美元）	240	3. 719	3. 913	0. 194	16. 841

续表

变量	变量定义（单位）	样本量	均值	标准差	最小值	最大值
*eighteen*1	第十八个行业来自中国香港的进出口差额（亿美元）	240	7.312	7.037	0.326	30.694
*twenty*1	第二十个行业来自中国香港的进出口差额（亿美元）	240	3.126	1.653	0.776	10.172
*twentyone*1	第二十一个行业来自中国香港的进出口差额（亿美元）	240	0.015	0.094	−0.208	1.297
*twentytwo*1	第二十二个行业来自中国香港的进出口差额（亿美元）	240	−0.941	2.021	−10.738	0.899

附表 2　　　　　　　　　　　　序列单位根检验

变量	检验类型 (C, T, L)	*p* 值	结论	变量	检验类型 (C, T, L)	*p* 值	结论
tsur	(C, 0, 0)	0.000 **	平稳	*twelve*	(C, 1, 0)	0.000 **	平稳
shibor	(C, 0, 0)	0.030 *	平稳	*thirteen*	(C, 1, 0)	0.001 **	平稳
usdlibor	(C, 1, 12)	0.019 *	平稳	*fourteen*	(C, 0, 0)	0.001 **	平稳
gap	(C, 0, 0)	0.043 *	平稳	*fifteen*	(C, 1, 0)	0.042 *	平稳
hksur	(C, 1, 0)	0.000 **	平稳	*sixteen*	(C, 1, 0)	0.001 **	平稳
bondindex	(C, 0, 0)	0.014 *	平稳	*seventeen*	(C, 0, 0)	0.000 **	平稳
ussentindex	(C, 0, 0)	0.001 **	平稳	*eighteen*	(C, 1, 0)	0.000 **	平稳
dcpi	(C, 0, 0)	0.000 **	平稳	*nineteen*	(C, 0, 0)	0.000 **	平稳
addvalue	(C, 0, 0)	0.000 **	平稳	*twenty*	(C, 1, 0)	0.000 **	平稳
pound	(C, 0, 0)	0.932	不平稳	*twentyone*	(C, 0, 0)	0.000 **	平稳
engsur	(C, 1, 0)	0.000 **	平稳	*twentytwo*	(C, 1, 0)	0.006 **	平稳
ussur	(C, 1, 0)	0.000 **	平稳	*two*1	(C, 0, 0)	0.822	不平稳

续表

变量	检验类型 (C, T, L)	p 值	结论	变量	检验类型 (C, T, L)	p 值	结论
usbond	(C, 1, 0)	0.045 *	平稳	*three*1	(C, 0, 0)	0.000 **	平稳
cnbond	(C, 0, 0)	0.032 *	平稳	*four*1	(C, 0, 0)	0.025 *	平稳
sole	(C, 0, 0)	0.014 *	平稳	*five*1	(C, 1, 0)	0.000 **	平稳
comanage	(C, 0, 0)	0.001 **	平稳	*six*1	(C, 0, 0)	0.000 **	平稳
jointven	(C, 0, 0)	0.000 **	平稳	*seven*1	(C, 1, 0)	0.012 *	平稳
foreign	(C, 0, 0)	0.003 **	平稳	*eight*1	(C, 0, 0)	0.002 **	平稳
stateown	(C, 0, 0)	0.001 **	平稳	*nine*1	(C, 0, 0)	0.000 **	平稳
others	(C, 0, 0)	0.000 **	平稳	*ten*1	(C, 1, 0)	0.000 **	平稳
one	(C, 0, 0)	0.000 **	平稳	*eleven*1	(C, 1, 0)	0.000 **	平稳
two	(C, 1, 0)	0.005 **	平稳	*twelve*1	(C, 1, 0)	0.000 **	平稳
three	(C, 1, 0)	0.000 **	平稳	*thirteen*1	(C, 1, 0)	0.011 *	平稳
four	(C, 0, 0)	0.007 **	平稳	*fourteen*1	(C, 0, 0)	0.001 **	平稳
five	(C, 0, 0)	0.806	不平稳	*fifteen*1	(C, 1, 0)	0.001 **	平稳
six	(C, 0, 0)	0.000 **	平稳	*sixteen*1	(C, 1, 0)	0.000 **	平稳
seven	(C, 0, 0)	0.000 **	平稳	*seventeen*1	(C, 0, 0)	0.002 **	平稳
eight	(C, 0, 0)	0.030 *	平稳	*eighteen*1	(C, 1, 0)	0.000 **	平稳
nine	(C, 0, 0)	0.000 **	平稳	*twenty*1	(C, 1, 0)	0.000 **	平稳
ten	(C, 0, 0)	0.000 **	平稳	*twentyone*1	(C, 0, 0)	0.000 **	平稳
eleven	(C, 1, 0)	0.000 **	平稳	*twentytwo*1	(C, 1, 0)	0.000 **	平稳

注：检验类型中的 C、T、L 分别表示 ADF 检验模型中的常数项、时间趋势和滞后项，数值为 0 表示没有此项，其中 *bondindex* 与 *ussentindex* 为添加位移项之后的检验结果；p 值一列中带 ** 的数值表示 1% 显著水平下显著，带 * 的数值表示 5% 显著水平下显著。

参 考 文 献

[1] 白晓燕，王培杰．资本管制有效性与中国汇率制度改革 [J]．数量经济技术经济研究，2008 (9)：65 - 76.

[2] 陈卫东，王有鑫．人民币贬值背景下中国跨境资本流动：渠道、规模、趋势及风险防范 [J]．国际金融研究，2016 (4)：3 - 12.

[3] 杜运苏，彭东东，孙华平．开拓"一带一路"沿线国家市场：基于贸易关系视角 [J]．国际经贸探索，2017 (8)：24 - 37.

[4] 郭彦峰、黄登仕，魏宇．证券交易印花税与市场质量——来自中国证券市场的实证分析 [J]．数理统计与管理，2012 (5)：915 - 929.

[5] 韩永辉，罗晓斐，邹建华．中国与西亚地区贸易合作的竞争性和互补性研究——以"一带一路"战略为背景 [J]．世界经济研究，2015 (3)：89 - 98.

[6] 黄亚钧，汪亚楠．贸易自由化与企业出口表现——基于贸易政策不确定性的视角 [J]．经济问题探索，2017 (10)：106 - 112.

[7] 冀相豹．中国对外直接投资影响因素分析：基于制度的视角 [J]．国际贸易问题，2014 (9)：98 - 108.

[8] 金德环，汪宇明．中国 A 股市场过度波动之谜 [J]．投资研究，2012 (4)：17 - 27.

[9] 李忠民，夏德水，姚宇．我国新丝绸之路经济带交通基础设施效率分析——基于 DEA 模型的 Malmquist 指数方法 [J]．求索，2014

（2）：97 - 102.

[10] 罗磊. 调整证券交易印花税对中国股市波动的非对称——影响的实证研究 [J]. 世界经济情况，2008（8）：82 - 90.

[11] 孟凡臣，蒋帆. 中国对外直接投资政治风险量化评价研究 [J]. 国际商务研究，2014（9）：87 - 96.

[12] 潘敏，唐晋荣. 反市场预期的人民币汇率操作能有效遏制短期资本流入吗？——基于 MS-VAR 模型的实证分析 [J]. 国际金融研究，2015，339（2）：88 - 96.

[13] 钱学锋，龚联梅. 贸易政策不确定性、区域贸易协定与中国制造业出口 [J]. 中国工业经济，2017（10）：81 - 98.

[14] 邵海燕，卢进勇，陈清萍. 投资自由化经济影响研究述评 [J]. 财贸研究，2016（3）：55 - 62 + 79.

[15] 盛斌，吕越. 外国直接投资对中国环境的影响——来自工业行业面板数据的实证研究 [J]. 中国社会科学，2012（5）：54 - 75 + 206.

[16] 史永东，蒋贤锋. 中国证券市场印花税调整的效应分析 [J]. 世界经济，2003（12）：63 - 71.

[17] 孙南申，王稀. 中国对外投资征收风险之法律分析 [J]. 国际商务研究，2015（1）：50 - 58.

[18] 孙浦阳，蒋为，陈惟. 外资自由化、技术距离与中国企业出口——基于上下游关联视角 [J]. 管理世界，2015（11）：53 - 69.

[19] 谭秀杰，周茂荣. 21 世纪"海上丝绸之路"贸易潜力及其影响因素 [J]. 国际贸易问题，2015（2）：3 - 12.

[20] 唐旭，梁猛. 中国贸易顺差中是否有热钱，有多少？[J]. 金融研究，2007，327（9）：1 - 19.

[21] 王彬. 人民币汇率均衡、失衡与贸易顺差调整 [J]. 经济学（季刊），2015，14（4）：1277 - 1302.

[22] 王剑锋，顾标. 中国贸易顺差增长与波动的政治经济学分析

[J]. 南开经济研究, 2011 (5): 50 - 74.

[23] 王俊. 税负效应与除息日股票价格行为研究——来自 A 股市场的实证证据 [J]. 投资研究, 2012 (3): 76 - 89.

[24] 王稳, 张阳, 石腾超, 赵婧. 国家风险分析框架重塑与评级研究 [J]. 国际金融研究, 2017 (10): 34 - 43.

[25] 汪亚楠, 周梦天. 贸易政策不确定性、关税减免与出口产品分布 [J]. 数量经济技术经济研究, 2017 (12): 127 - 142.

[26] 邢予青. 加工贸易、汇率与中国的双边贸易平衡 [J]. 金融研究, 2012 (2): 18 - 29.

[27] 杨汝岱. 中国香港转口贸易及其对中美贸易平衡的影响 [J]. 经济科学, 2008 (2): 65 - 77.

[28] 杨光, 孙浦阳. 外资自由化能否缓解企业产能过剩? [J]. 数量经济技术经济研究, 2017 (6): 3 - 19.

[29] 易纲. 外汇管理改革开放的方向 [J]. 中国金融, 2015 (19): 18 - 20.

[30] 易纲, 范敏. 人民币汇率的决定因素及走势分析 [J]. 经济研究, 1997 (10): 65 - 78.

[31] 宗芳宇, 路江涌, 武常岐. 双边投资协定、制度环境和企业对外直接投资区位选择 [J]. 经济研究, 2012 (5): 71 - 84.

[32] 张定胜, 赵文霞. 中国的贸易顺差、出口缺口与人民币套息 [R]. 经济研究工作论文, 2015: 919.

[33] 张建光, 张鹏. 中国与"一带一路"国家的贸易效率与影响因素研究 [J]. 国际经贸探索, 2017 (8): 4 - 23.

[34] 张勇. 热钱流入、外汇冲销与汇率干预——基于资本管制和央行资产负债表的 DSGE 分析 [J]. 经济研究, 2015 (7): 116 - 130.

[35] 张晓磊, 张二震. "一带一路"沿线恐怖活动风险的贸易隔离效应 [J]. 世界经济文汇, 2017 (1): 69 - 86.

[36] 赵进文, 张敬思. 人民币汇率、短期国际资本流动与股票价格 [J]. 金融研究, 2013 (1): 9 – 23.

[37] 赵文军, 于津平. 中国贸易顺差成因研究——基于跨时最优消费理论的实证分析 [J]. 经济研究, 2008 (12): 29 – 38.

[38] 赵文霞, 张定胜. 套息交易理论研究新进展 [J]. 经济学动态, 2014 (10): 141 – 147.

[39] 赵仲匡, 李殊琦, 杨汝岱. 金融约束、对冲与出口汇率弹性 [J]. 管理世界, 2016 (6): 23 – 33.

[40] 朱鹤. 基于 AB-SETAR 模型的中国资本管制实际程度度量 [J]. 国际金融研究, 2015 (10): 76 – 86.

[41] Acharya, V. V., Lochstoer, L. A., Ramadorai, T. Limits to arbitrage and hedging: Evidence from commodity markets [J]. *Journal of Financial Economics*, 2013, 109 (2): 441 – 465.

[42] Acharya, V. V., Pedersen, L. H. Asset Pricing with Liquidity Risk [J]. *Journal of Financial Economics*, 2005, 77 (2): 375 – 410.

[43] Acharya, V. V., Steffen, S. The 'Greatest' Carry Trade Ever? Understanding Eurozone Bank Risks [J]. *Journal of Financial Economics*, 2015, 115 (2): 215 – 236.

[44] Ackermann, F., Pohl, W., Schmedders, K. H. On the risk and return of the carry trade [R]. *Swiss Finance Institute Research Paper*, 2012, No. 12 – 36.

[45] Adrian, T., Rosenberg, J. Stock returns and volatility: Pricing the short-run and long-run components of market risk [J]. *Journal of Finance*, 2008, 63 (6): 2997 – 3030.

[46] Akhtaruzzaman, M., Berg, N., Hajzler, C. Expropriation Risk and FDI in Developing Countries: Does Return of Capital Dominate Return on Capital? [J]. *European Journal of Political Economy*, 2017 (49): 84 – 107.

[47] Alfaro, L. , Kanczuk, F. Carry trade, reserve accumulation and exchange-rate regimes [R]. *NBER Working Paper*, 2013, No. 19098.

[48] Amihud, Y. , Mendelson, H. Asset pricing and the bid-ask spread [J]. *Journal of Financial Economics*, 1986, 17 (2): 223 –249.

[49] Amihud, Y. Illiquidity and Stock Returns: Cross-section and Time-series Effects [J]. *Journal of Financial Markets*, 2002, 5 (1): 31 –56.

[50] Amihud, Y. , Hameed, A. , Kang, W. , Zhang, H. The illiquidity premium: International evidence [J]. *Journal of Financial Economics*, 2015, 117 (2): 350 –368.

[51] Ang, A. , Hodrick, R. , Xing, Y. , Zhang, X. The cross-section of volatility and expected returns [J]. *Journal of Finance*, 2006, 61 (1): 259 –299.

[52] Angeletos, G. M. , Panousi, V. Financial Integration, Entrepreneurial Risk and Global Dynamics [J]. *Journal of Economic Theory*, 2011, 146 (3): 863 –896.

[53] Antràs, P. , Caballero, R. J. Trade and Capital Flows: A Financial Frictions Perspective [J]. *Journal of Political Economy*, 2009, 117 (4): 701 –744.

[54] Anzuini, A. , Fornari, F. Macroeconomic determinants of carry trade activity [J]. *Review of International Economics*, 2012, 20 (3): 468 –488.

[55] Arellano, M. , Bond, S. Some tests of specification for panel data: Monte Carlo evidence and an application to employment equations [J]. *Review of Economic Studies*, 1991, 58 (2): 277 –297.

[56] Asiedu, E. , Jin, Y. , Nandwa, B. Does Foreign Aid Mitigate the Adverse Effect of Expropriation Risk on Foreign Direct Investment [J]. *Journal of International Economics*, 2009, 78 (2): 268 –275.

［57］Asness, C. S. , Moskowitz, T. J. , Pedersen, L. H. Value and momentum Everwhere ［J］. *Journal of Finance*, 2013, 68（3）: 929 – 985.

［58］Bakke, T. E. , Mahmudi, H. , Fernando, C. S. , et al. The causal effect of option pay on corporate risk management ［J］. *Journal of Financial Economics*, 2016, 120（3）: 623 – 643.

［59］Baltagi B. , Li, D. , Li, Q. Transaction Tax and Stock Market Behavior: Evidence from an Emerging Market ［J］. *Empirical Economics*, 2006, 31（2）: 393 – 408.

［60］Bansal, R. , Shaliastovich, I. A long-run risks explanation of predictability puzzles in bond and currency markets ［J］. *Review of Financial Studies*, 2013, 26（1）: 1 – 33.

［61］Banti, C. , Phylaktis, K. , Sarno, L. Global liquidity risk in the foreign exchange market ［J］. *Journal of International Money and Finance*, 2012, 31（2）: 267 – 291.

［62］Barr, D. , Priestley, R. Expected returns, risk and the integration of international bond markets ［J］. *Journal of International Money and Finance*, 2004, 23（1）: 71 – 97.

［63］Barroso, P. , Santa-Clara, P. Beyond the carry trade: Optimal currency portfolios ［J］. *Journal of Financial and Quantitative Analysis*, 2015, 50（5）: 1 – 6.

［64］Becker, J. , Fuest, C. , Riedel, N. Corporate tax effects on the quality and quantity of FDI ［J］. *European Economic Review*, 2012（56）: 1495 – 1511.

［65］Bekaert, G. , Harvey, C. , Lundblad, C. Liquidity and expected returns: lessons from emerging markets ［J］. *Review of Financial Studies*, 2007, 20（5）: 1783 – 1831.

［66］Benjamin, J. D. , Coulson, N. E. , Yang, S. X. Real Estate

Transfer Taxes and Property Values: The Philadelphia Story [J]. *The Journal of Real Estate Finance and Economics*, 1993, 7 (2): 151 – 157.

[67] Berge, T., Jordà, Ò., Taylor, A. M. Currency carry trades [J]. *NBER International Seminar on Macroeconomics*, 2011, 7 (1): 357 – 388.

[68] Berger, D. W., Chaboud, A. P., Chernenko, S. V., Howorka, E., Wright, J. H. Order flow and exchange rate dynamics in electronic brokerage system data [J]. *Journal of International Economics*, 2008, 75 (1): 93 – 109.

[69] Bernanke, B. S. Outstanding issues in the analysis of inflation [EB/OL]. *In Speech at the Federal Reserve Bank of Boston's 53rd Annual Economic Conference, Chatham, Massachusetts* (June 9), 2008.

[70] Bernanke, B. S. The Global Saving Glut and the U. S. Current Account Deficit [EB/OL]. *Board of Governors of the Federal Reserve System in its series Speech*, 2005, No. 77.

[71] Bhansali, V. Volatility and the carry trade [J]. *Journal of Fixed Income*, 2007, 17 (3): 72 – 84.

[72] Blundell, R., Bond, S. Initial conditions and moment restrictions in dynamic panel data models [J]. *Journal of Econometrics*, 1998, 87 (1): 115 – 143.

[73] Bongaerts, D., Jong, F. D., Driessen, J. Derivative Pricing with Liquidity Risk: Theory and Evidence from the Credit Default Swap Market [J]. *The Journal of Finance*, 2011, 66 (1): 203 – 240.

[74] Brandt, M. W., Santa-Clara, P., Valkanov, R. Parametric portfolio policies: Exploiting characteristics in the cross-section of equity returns [J]. *Review of Financial Studies*, 2009, 22 (9): 3411 – 3447.

[75] Branson, W. H., Henderson, D. W. The specification and influence of asset markets [C]. Eds. R. W. Jones and P. B. Kenen. *Handbook*

of International Economics. Amsterdam: Elsevier, 1985: 749 – 805.

[76] Branson, W. H., Halttunen, H., Masson, P. Exchange rates in the short run: Some further results [J]. *European Economic Review*, 1979, 12 (4): 395 – 402.

[77] Breedon, F., Vitale, P. An empirical study of portfolio-balance and information effects of order flow on exchange rates [J]. *Journal of International Money and Finance*, 2010, 29 (3): 504 – 524.

[78] Brennan, M., Subrahmanyam, A. Market microstructure and asset pricing: on the compensation for illiquidity in stock returns [J]. *Journal of Financial Economics*, 1996, 41 (3): 441 – 464.

[79] Brunnermeier, M. K., Nagel, S., Pedersen, L. H. Carry trades and currency crashes [C]. *NBER Macroeconomics Annual.* Chicago: The University of Chicago Press, 2008: 313 – 348.

[80] Burdzy, K., Frankel, D., Pauzner, A. Fast equilibrium selection by rational players living in a changing world [J]. *Econometrica*, 2001, 69 (1): 163 – 189.

[81] Burnside, C. Carry trades and risk [R]. *NBER Working Paper*, 2011, No. 17278.

[82] Burnside, C., Eichenbaum, M., Rebelo, S. Carry trade and momentum in currency markets [J]. *Annual Review of Financial Economics*, 2011a, 3 (1): 511 – 535.

[83] Burnside, C., Eichenbaum, M., Rebelo, S. Carry trade: The gains of diversification [J]. *Journal of the European Economic Association*, 2008, 6 (2 – 3): 581 – 588.

[84] Burnside, C., Eichenbaum, M., Kleshchelski, I., Rebelo, S. Do Peso problems explain the returns to the carry trade? [J]. *Review of Financial Studies*, 2011b, 24 (3): 853 – 891.

［85］ Caballero, R. J. , Doyle, J. B. Carry trade and systemic risk: Why are FX options so cheap? ［R］. *NBER Working Paper*, 2012, No. 18644.

［86］ Cappiello, L. , Ferrucci, G. The sustainability of China's exchange rate policy and capital account liberalization ［R］. *European Central Bank Occasional Paper*, 2008, No. 82.

［87］ Cheung, Y. L. , Cheung, Y. W. , He, A. W. W. Yen carry trades and stock returns in target currency countries ［J］. *Japan and the World Economy*, 2012, 24 (3): 174 – 183.

［88］ Chinn, M. D. , Prasad, E. S. Medium-term Determinants of Current Accounts in Industrial and Developing Countries: an Empirical Exploration ［J］. *Journal of International Economics*, 2003, 59 (1): 47 – 76.

［89］ Chordia, T. , Sarkar, A. , Subrahmanyam, A. An empirical analysis of stock and bond market liquidity ［J］. *Review of Financial Studies*, 2005, 18 (1): 85 – 129.

［90］ Chordia, T. , Roll, R. , Subrahmanyam, A. Commonality in liquidity ［J］. *Journal of Financial Economics*, 2000, 56 (1): 3 – 28.

［91］ Christensen, C. , Ranaldo, A. , Söderlind, P. The time-varying systematic risk of carry trade strategies ［J］. *Journal of Financial and Quantitative Analysis*, 2011, 46 (4): 1107 – 1125.

［92］ Col, B. , Errunza, V. Corporate Governance and State Expropriation Risk ［J］. *Journal of Corporate Finance*, 2015, 33 (8): 71 – 84.

［93］ Colacito, R. , Croce, M. International asset pricing with recursive preferences ［J］. *Journal of Finance*, 2013, 68 (6): 2651 – 2686.

［94］ Cooray, A. , Tamazian, A. , Vadlamannati, K. C. What drives FDI policy liberalization? An empirical investigation ［J］. *Regional Science and Urban Economics*, 2014 (49): 179 – 189.

［95］ Corte, P. D. , Riddiough, S. J. , Sarno, L. Currency premia and global imbalances [J]. *The Review of Financial Studies*, 2016, 29 (8): 2161 – 2193.

[96] Daniel, K. , Titman, S. Evidence on the characteristics of cross sectional variation in stock returns [J]. *Journal of Finance*, 1997, 52 (1): 1 – 33.

[97] Davidson, R. , MacKinnon, J. G. *Estimation and Inference in Econometrics* [M]. New York: Oxford University Press, 1993.

[98] De Long B. J. , Shleifer, A. , Summers, L. H. , Waldmann, R. J. Noise Trader Risk in Financial Markets [J]. *Journal of Political Economy*, 1990, 98 (4): 703 – 738.

[99] de Mooij, R. , Ederveen, S. Taxation and foreign direct investment: a synthesis of empirical research [J]. *International Tax and Public Finance*, 2003, 10 (6): 673 – 693.

[100] Deseatnicov, I. , Akiba, H. Exchange Rate, Political Environment and FDI Decision [J]. *International Economics*, 2015 (148): 16 – 30.

[101] Devereux, M. P. The Impact of Taxation on the Location of Capital, Firms and Profit: A Survey of Empirical Evidence [R]. *Oxford University Centre for Business Taxation Working Paper Series*, 2007, No. 07/2.

[102] Edwards F. R. Taxing Transactions in Futures Markets: Objectives and Effects [J]. *Journal of Financial Service Research*, 1993, 7 (1): 75 – 91.

[103] Egger, P. , Merlo, V. The impact of bilateral investment treaties on FDI dynamics [J]. *The World Economy*, 2007, 30 (10): 1536 – 1549.

[104] Egger, P. , Pfaffermayr, M. The impact of bilateral investment treaties on foreign direct investment [J]. *Journal of Comparative Economics*, 2004, 32 (4): 788 – 804.

[105] Eichenbaum, M. , Evans, C. L. Some empirical evidence on the

effects of shocks to monetary policy on exchange rates ［J］. *Quarterly Journal of Economics*, 1995, 110 (4): 975 - 1009.

［106］ Eichengreen B. , Tobin, J. , Wyplosz, C. Two Cases for Sand in the Wheels of International Finance ［J］. *Economic Journal*, 1995, 105 (408): 162 - 172.

［107］ Eichengreen, B. The origins and nature of the Great Slump revisited ［J］. *The Economic History Review*, 1992, 45 (2): 213 - 239.

［108］ Engel, C. Exchange Rates and Interest Parity ［C］. *Handbook of International Economics*, 2014 (4): 453 - 522.

［109］ Engel, C. The forward discount anomaly and the risk premium: A survey of recent evidence ［J］. *Journal of Empirical Finance*, 1996, 3 (2): 123 - 192.

［110］ Erb, C. , Harvey, C. The strategic and tactical value of commodity futures ［J］. *Financial Analysts Journal*, 2006, 62 (2): 69 - 97.

［111］ Eugeni, S. An OLG model of global imbalances ［J］. *Journal of International Economics*, 2015, 95 (1): 83 - 97.

［112］ Fama, E. , MacBeth, J. Risk, return and equilibrium: empirical tests ［J］. *Journal of Political Economy*, 1973, 81 (3): 607 - 636.

［113］ Fama, E. , French, K. Commodity futures prices: some evidence on forecast power, premiums and the theory of storage ［J］. *Journal of Business*, 1987, 60 (1): 55 - 73.

［114］ Fama, E. Forward and spot exchange rates ［J］. *Journal of Monetary Economics*, 1984, 14 (3): 319 - 338.

［115］ Farhi, E. , Fraiberger, S. P. , Gabaix, X. , Ranciere, R. Crash risk in currency markets ［R］. *NBER Working Paper*, 2009, No. 15062.

［116］ Faust, J. , Rogers, J. H. Monetary policy's role in exchange rate behavior ［J］. *Journal of Monetary Economics*, 2003 (50): 1403 - 1424.

[117] Felcser, D. , Vonnák, B. Carry trade, uncovered interest parity and monetary policy [R]. *MNB Working Paper*, 2014, No. 2014/3.

[118] Feng, L. , Li, Z. , Swenson, D. L. Trade policy uncertainty and exports: Evidence from China's WTO accession [J]. *Journal of International Economics*, 2017 (106): 20 – 36.

[119] Fernandez-Perez, A. , Fuertes, A. , Miffre, J. Commodity Markets, Long-Horizon Predictability and Intertemporal Pricing [J]. *Review of Finance*, 2017 (21): 1159 – 1188.

[120] Frankel, D. , Pauzner, A. Resolving indeterminacy in dynamic settings: The role of shocks [J]. *Quarterly Journal of Economics*, 2000, 115 (1): 283 – 304.

[121] Frankel, J. A. Effects of Speculation and Interest rates, in a 'Carry Trade' Model of Commodity Prices [J]. *Journal of International Money and Finance*, 2014, 42 (C): 88 – 112.

[122] Gabaix, X. , Maggiori, M. International liquidity and exchange rate dynamics [J]. *Quarterly Journal of Economics*, 2015, 130 (3): 1369 – 1420.

[123] Gagnon, J. , Chaboud, A. What can the data tell us about carry trades in Japanese Yen? [R]. *FRB International Finance Discussion Paper*, 2007, No. 899.

[124] Gârleanu, N. , Pedersen, L. H. Margin-based asset pricing and deviations from the law of one price [J]. *Review of Financial Studies*, 2011, 24 (6): 1980 – 2022.

[125] Ghebrihiwet, N. Acquisition or direct entry, technology transfer and FDI policy liberalization [J]. *International Review of Economics and Finance*, 2017 (51): 455 – 469.

[126] Goh, S. K. , Wong, K. N. Malaysia's outward FDI: the effects of host market size and home government policy [J]. *Journal of Policy Model-*

ing, 2010, 33 (3): 497 – 510.

[127] Gorton, G. , Rouwenhorst, K. G. Facts and fantasies about commodity futures [J]. *Financial Analysts Journal*, 2006, 62 (2): 47 – 68.

[128] Gorton, G. , Hayashi, F. , Rouwenhorst, G. The fundamentals of commodity futures returns [J]. *Review of Finance*, 2012, 17 (1): 35 – 105.

[129] Gourinchas, P. , Rey, H. External Adjustment, Global Imbalances, Valuation Effects [C]. *in Handbook of International Economics*, North Holland: Gopinath Gita, Elhanan Helpman, and Kenneth Rogoff, Amsterdam: Elsevier, 2013: 585 – 645.

[130] Gourinchas, P. , Jeanne, O. On the Benefits of Capital Account Liberalization for Emerging Economies [R]. *IMF Working Paper*, 2002.

[131] Griffin, J. M. , Ji, X. , Martin. , J. S. Momentum investing and business cycle risk: Evidence from pole to pole [J]. *Journal of Finance*, 2003, 58 (6): 2515 – 2547.

[132] Grossman S. J. , Stiglitz, J. On the Impossibility of Informationally Efficient Markets [J]. *American Economic Review*, 1980, 70 (3): 393 – 408.

[133] Habib, M. M. Stracca, L. Getting beyond carry trade: What makes a safe haven currency? [J]. *Journal of International Economics*, 2012, 87 (1): 50 – 64.

[134] Hafeez, B. , Brehon, D. 30 years of FX investment returns: dbCR and dbCR + [C]. *Exchange Rate Perspectives*, *Deutsche Bank*, 2010.

[135] Hagströmer, B. , Hansson, B. , Nilsson, B. The components of the illiquidity premium: an empirical analysis of US stocks 1927 – 2010 [J]. *Journal of Banking and Finance*, 2013, 37 (11): 4476 – 4487.

[136] Handley, K. , Limão, N. Policy uncertainty, trade and welfare: Theory and evidence for China and the United States [J]. *American Economic*

Review, 2017, 107 (9): 2731 – 2783.

[137] Handley, K. , Limão, N. Trade and investment under policy uncertainty: Theory and firm evidence [R]. *NBER Working Paper*, 2012, No. 17790.

[138] Hasbrouck, J. , Seppi, D. J. Common factors in prices, order flows and liquidity [J]. *Journal of Financial Economics*, 2001, 59 (3): 383 –411.

[139] Hattori, M. , Shin, H. S. Yen carry trade and the subprime crisis [J]. *IMF Staff Papers*, 2009, 56 (2): 384 – 409.

[140] Hayashida, M. , Ono, H. Turnover Tax, Transaction Cost and Stock Trading Volume Revisited: Investigation of the Japanese Case [J]. *Applied Financial Economics*, 2011, 21 (24): 1809 – 1818.

[141] Hellwig, M. F. , On the Aggregation of Information in Competitive Markets [J]. *Journal of Economic Theory*, 1980, 22 (3): 477 –498.

[142] Hong, H. , Yogo, M. What does futures market interest tell us about the macroeconomy and asset prices? [J]. *Journal of Financial Economics*, 2012, 105 (3): 473 – 490.

[143] Huang J. , Wang, J. Market Liquidity, Asset Prices, and Welfare [J]. *Journal of Financial Economics*, 2010, 95 (1): 107 – 127.

[144] Hutchison, M. , Sushko, V. Impact of macro-economic surprises on carry trade activity [J]. *Journal of Banking and Finance*, 2013, 37 (4): 1133 – 1147.

[145] Ichiue, H. , Koyama, K. Regime switches in exchange rate volatility and uncovered interest rate parity [J]. *Journal of International Money and Finance*, 2011, 30 (7): 1436 – 1450.

[146] Ilmanen, A. Time-varying expected returns in international bond markets [J]. *Journal of Finance*, 1995, 50 (2): 481 –506.

[147] Jeanne, O. , Korinek, A. Excessive Volatility in Capital Flows:

A Pigouvian Taxation Approach [J]. *American Economic Review*, 2010, 100 (2): 403 –407.

[148] Jeanne, O. Capital Account Policies and the Real Exchange Rate [R]. *NBER Working Paper*, 2012, No. 18404.

[149] Jeanne, O. The Macroprudential Role of International Reserves [J]. *American Economic Review: Papers and Proceedings*, 2016, 106 (5): 570 –573.

[150] Jegadeesh, N. , Titman, S. Returns to buying winners and selling losers: implications for stock market efficiency [J]. *Journal of Finance*, 1993, 48 (1): 65 –91.

[151] Jones C. M. , Seguin, P. J. Transaction Costs and Price Volatility: Evidence from Commission Deregulation [J]. *American Economic Review*, 1997, 87 (4): 728 –737.

[152] Jordà, Ò. , Taylor, A. M. The carry trade and fundamentals: Nothing to fear but FEER itself [J]. *Journal of International Economics*, 2012, 88 (1): 74 –90.

[153] Julio, B, , Yook, Y. Policy Uncertainty, Irreversibility and Cross-Border Flows of Capital [J]. *Journal of International Economics*, 2016 (103): 13 –26.

[154] Jurek, J. W. Crash-neutral currency carry trades [J]. *Journal of Financial Economics*, 2014, 113 (3): 325 –347.

[155] Jylhä, P. , Suominen, M. Speculative capital and currency carry trades [J]. *Journal of Financial Economics*, 2011, 99 (1): 60 –75.

[156] Kaizoji, T. Carry trade, forward premium puzzle and currency crisis [R]. *MPRA Paper*, 2010, No. 21432.

[157] Kandogan, Y. The effect of foreign trade and investment liberalization on spatial concentration of economic activity [J]. *International Busi-*

ness Review, 2014, 23 (3): 648 – 659.

[158] Kaplan, E. , Rodrik, D. Did the Malaysian capital controls work? [C]. Eds. Edwards, Sebastian, Frankel, Jeffry. *Preventing Currency Crises in Emerging Markets.* Chicago: University of Chicago Press and NBER, 2002.

[159] Karolyi, G. A. , Lee, K. , van Dijk, M. A. Understanding commonality in liquidity around the world [J]. *Journal of Financial Economics*, 2012, 105 (1): 82 – 112.

[160] Keynes J. M. *The General Theory of Employment, Interest and Money* [M]. London: Macmillan Press, 1936.

[161] Kindleberger, C. P. *The world in depression*, 1929 – 1939 [M]. Berkeley: University of California Press, 1986.

[162] Klein, M. W. Capital account liberalization, Institutional Quality and Economic Growth: Theory and Evidence [R]. *NBER Working Paper*, 2005, No. 11112.

[163] Kohler, M. Exchange rates during financial crises [J]. *BIS Quarterly Review*, 2010 (3): 39 – 50.

[164] Koijen, R. S. J. , Nieuwerburgh, S. V. Predictability of stock returns and cash flows [J]. *Annual Review of Financial Economics*, 2011, 3 (1): 467 – 491.

[165] Koijen, R. S. J. , Moskowitz, T. J. , Pedersen, L. H. , Vrugt, E. B. Carry [R]. *NBER Working Paper*, 2013, No. 19325.

[166] Korajczyk, R. A. , Sadka, R. Pricing the commonality across alternative measures of liquidity [J]. *Journal of Financial Economics*, 2008, 87 (1): 45 – 72.

[167] Korinek, A. , Sandri, D. Capital Controls or Macroprudential Regulation? [J]. *Journal of International Economics*, 2016, 99 (1): S27 –

S42.

[168] Kouri, P. J. K. The exchange rate and the balance of payments in the short run and in the long run: A monetary approach [J]. *Scandinavian Journal of Economics*, 1976, 78 (2): 280 – 304.

[169] Kurul, Z. Nonlinear Relationship between Institutional Factors and FDI Flows: Dynamic Panel Threshold Analysis [J]. *International Review of Economics and Finance*, 2017, 48 (3): 148 – 160.

[170] Lee, K. H. The World Price of Liquidity Risk [J]. *Journal of Financial Economics*, 2011, 99 (1): 136 – 161.

[171] Lendvai J. , Raciborski, R. , Vogel, L. Macroeconomic Effects of an Equity Transaction Tax in a General Equilibrium Model [J]. *Journal of Economic Dynamics and Control*, 2013, 37 (2): 466 – 482.

[172] Lesher, M. , Miroudot, S. Analysis of the economic impact of investment provisions in regional trade agreements [R]. *OECD Trade Policy Papers*, 2006, No. 36.

[173] Li, M. An evaluation of exchange rates by carry trade [J]. *Journal of Economics and International Finance*, 2011, 3 (2): 72 – 87.

[174] Lin, H. , Wang, J. , Wu, C. Liquidity Risk and Expected Corporate Bond Returns [J]. *Journal of Financial Economics*, 2011, 99 (3): 628 – 650.

[175] Liu, S. Securities Transaction Tax and Market Efficiency: Evidence from the Japanese Experience [J]. *Journal of Financial Services Research*, 2007, 32 (3): 161 – 176.

[176] Lustig, H. , Verdelhan, A. The cross section of foreign currency risk premia and consumption growth risk [J]. *American Economic Review*, 2007, 97 (1): 89 – 117.

[177] Lustig, H. , Stathopoulos, A. , Verdelhan, A. The term struc-

ture of currency carry trade risk premia [R]. *NBER Working Paper*, 2013, No. 19623.

[178] Lustig, H., Roussanov, N. L., Verdelhan, A. Common Risk Factors in Currency Markets [J]. *Review of Financial Studies*, 2011, 24 (11): 3731 – 3777.

[179] Lustig, H., Roussanov, N. L., Verdelhan, A. Countercyclical Currency Risk Premia [J]. *Journal of Financial Economics*, 2014, 111 (3): 527 – 553.

[180] Ma, G., McCauley, R. N. Efficacy of China's capital controls: Evidence from price and flow data [J]. *Pacific Economic Review*, 2008, 13 (1): 104 – 123.

[181] Mancini, L., Ranaldo, A., Wrampelmeyer, J. Liquidity in the Foreign Exchange Market: Measurement, Commonality, and Risk Premiums [J]. *Journal of Finance*, 2013, 68 (5): 1805 – 1841.

[182] Marshall, B. R., Nguyen, N. H., Visaltanachoti, N. Commodity Liquidity Measurement and Transaction Costs [J]. *The Review of Financial Studies*, 2012, 25 (2): 599 – 638.

[183] Marshall, B. R., Nguyen, N. H., Visaltanachoti, N. Liquidity commonality in commodities [J]. *Journal of Banking and Finance*, 2013, 37 (1): 11 – 20.

[184] Martínez, M. A., Nieto, B., Rubio, G., Tapia, M. Asset Pricing and Systematic Liquidity Risk: An Empirical Investigation of the Spanish Stock Market [J]. *International Review of Economics and Finance*, 2005, 14 (1): 81 – 103.

[185] Meese, R. A., Rogoff, K. Empirical exchange rate models of the seventies: do they fit out of sample [J]. *Journal of International Economics*, 1983, 14 (1 – 2): 3 – 24.

[186] Melitz, M. J. The impact of trade on intra-industry re-allocations and aggregate industry productivity [J]. *Econometrica*, 2003, 71 (6): 1695 – 1725.

[187] Melvin, M. , Taylor, M. P. The crisis in the foreign exchange market [J]. *Journal of International Money and Finance*, 2009, 28 (8): 1317 – 1330.

[188] Mendoza, E. G. , Quadrini, V. , Ríos-Rull, J. V. Financial Integration, Financial Development, and Global Imbalances [J]. *Journal of Political Economy*, 2009, 117 (3): 371 – 416.

[189] Menkhoff, L. , Sarno, L. , Schrimpf, M. , et al. Carry trades and global foreign exchange volatility [J]. *Journal of Finance*, 2012a, 67 (2): 681 – 718.

[190] Menkhoff, L. , Sarno, L. , Schrimpf, M. , et al. Currency momentum strategies [J]. *Journal of Financial Economics*, 2012b, 106 (3): 660 – 684.

[191] Méon, P-G, Sekkat, K. FDI Waves, Waves of Neglect of Political Risk [J]. *World Development*, 2012, 40 (11): 2194 – 2205.

[192] Mitchener, K. J. , Wandschneider. , K. Capital Controls and Recovery from the Financial Crisis of the 1930s [J]. *Journal of International Economics*, 2015, 95 (2): 188 – 201.

[193] Narayan, P. K. , Zheng, X. Market Liquidity Risk Factor and Financial Market Anomalies: Evidence from the Chinese Stock Market [J]. *Pacific-Basin Finance Journal*, 2010, 18 (5): 509 – 520.

[194] Neely, C. J. An introduction to capital controls [J]. *Federal Reserve Bank of St. Louis Review*, 1999, 81 (11): 13 – 30.

[195] Nirei, M. , Sushko, V. Jumps in foreign exchange rates and stochastic unwinding of carry trades [J]. *International Review of Economics and*

Finance , 2011, 20 (1): 110 – 127.

[196] Nurkse, R. *International currency experience*: *Lessons of the inter-war period* [M]. Princeton: Princeton University Press, 1944: 163.

[197] Ogruk, G. Is implied Taylor rule interest rate applicable as a carry trade strategy? [R]. *Working Paper*, *University of Houston*, 2012.

[198] Oh, C H. , Reuveny, R. Climatic Natural Disasters, Political Risk, and International Trade [J]. *Global Environmental Change*, 2010 (20): 243 – 254.

[199] Ostry, J. , Ghosh, A. , Habermeier, K. , et al. Capital Inflows: The Role of Controls [R]. *IMF Staff Position Papers*, 2010, No. 10/04.

[200] Ozsoylev, H. , Werner, J. Liquidity and Asset Prices in Rational Expectations Equilibrium with Ambiguous Information [J]. *Economic Theory*, 2011, 48 (2): 469 – 491.

[201] Pástor, L. , Stambaugh, R. F. Liquidity Risk and Expected Stock Returns [J]. *Journal of Political Economy*, 2003, 111 (3): 642 – 685.

[202] Phylaktis K. , Aristidou, A. Security Transaction Taxes and Financial Volatility: Athens Stock Exchange [J]. *Applied Financial Economics*, 2007, 17 (18): 1455 – 1467.

[203] Plantin, G. , Shin, H. S. Carry trades, monetary policy and speculative dynamics [J]. *CEPR Discussion Paper*, 2011, No. 8224.

[204] Poelhekke, S. Do global banks facilitate foreign direct investment? [J]. *European Economic Review*, 2015 (76): 25 – 46.

[205] Pojarliev, M. , Levich, R. M. Detecting crowded trades in currency funds [J]. *Financial Analysts Journal*, 2011, 67 (1): 26 – 39.

[206] Pomeranets, A. Weaver, D. G. Security Transaction Taxes and Market Quality [J]. *Bank of Canada Working Paper*, 2011, No. 2011 – 26.

［207］ Pratt, J. Risk Aversion in the Small and in the Large ［J］. *Econometrica*, 1964, 32 （1/2）: 122 – 136.

［208］ Ready, R. C. , Roussanov, N. L. , Ward, C. Commodity trade and the carry trade: A tale of two countries ［J］. *Journal of Finance*, 2017, 72 （6）: 2629 – 2684.

［209］ Rosenberg, M. R. The Taylor rule and determination of exchange rates ［J］. *FX Market Insights*, *Bloomberg*, 2008, 3 （3）: 2 – 10.

［210］ Sadka, R. Liquidity Risk and the Cross-Section of Hedge-Fund Returns ［J］. *Journal of Financial Economics*, 2010, 98 （1）: 54 – 71.

［211］ Săvoiu, G. , Taicu, M. Foreign Direct Investment Models, Based on Country Risk for Some Post-Socialist Central and Eastern European Economies ［J］. *Procedia Economics and Finance*, 2014 （10）: 249 – 260.

［212］ Schwert, W. G. , Seguin, P. J. Securities Transaction Taxes: an Overview of Costs, Benefits and Unsolved Questions ［J］. *Financial Analyst Journal*, 1993, 49 （5）: 27 – 35.

［213］ Sheng, L. , Yang, D. T. Expanding export variety: The role of institutional reforms in developing countries ［J］. *Journal of Development Economics*, 2016 （118）: 45 – 58.

［214］ Shleifer, A. , Vishny, R. W. The limits of arbitrage ［J］. *Journal of Finance*, 1997, 52 （1）: 35 – 55.

［215］ Sinha P. , Mathur, K. Evolution of Security Transaction Tax in India ［R］. *MPRA Working Paper*, 2012, No. 40165.

［216］ Song, F. M. , Zhang, J. Securities Transaction Tax and Market Volatility ［J］. *The Economic Journal*, 2005, 115 （506）: 1103 – 1120.

［217］ Song, Z. , K. Storesletten and F. Zilibotti. Growing （with capital controls） like China ［J］. *IMF Economic Review*, 2014, 62 （3）: 327 – 370.

[218] Song, Z. , K. Storesletten and F. Zilibotti. Growing like China [J]. *American Economic Review*, 2011, 101 (2): 196 – 233.

[219] Su, Y. , Zheng, L. The Impact of the Securities Transaction Taxes on the Chinese Stock Market [J]. *Emerging Markets Finance and Trade*, 2011, 47 (1): 32 – 46.

[220] Summers, L. H. , Summers, V. P. When Financial Markets Work too well: a Cautious Case for a Securities Transaction Tax [J]. *Journal of Financial Services Research*, 1989, 3 (2 – 3): 261 – 286.

[221] Tanaka, K. , Arita, S. The impact of regional investment liberalization on foreign direct investment: A firm-level simulation assessment [J]. *Japan and the World Economy*, 2016 (37): 17 – 26.

[222] Taylor, D. Official intervention in the foreign exchange market, or, bet against the central bank [J]. *Journal of Political Economy*, 1982, 90 (2): 356 – 368.

[223] Tian, Y. Optimal policy for attracting FDI: Investment cost subsidy versus tax rate reduction [J]. *International Review of Economics and Finance*, 2018 (53): 151 – 159.

[224] Tobin, J. On the Efficiency of the Financial System [J]. *Lloyds Bank Review*, 1984 (153): 1 – 15.

[225] Vayanos, D. , Wang, J. Liquidity and Asset Prices: A Unified Framework [R]. *NBER Working Paper*, 2009, No. 15215.

[226] Vayanos, D. , Wang, J. Liquidity and Asset Returns under Asymmetric Information and Imperfect Competition [J]. *Review of Financial Studies*, 2012, 25 (5): 1339 – 1365.

[227] Wen, Y. Explaining China's trade imbalance puzzle [R]. *Federal Reserve Bank of St. Louis Working Paper*, 2011, No. 2011 – 018A.

[228] Wu, M. , Huang, P. , Ni, Y. Capital liberalization and various

financial markets: Evidence from Taiwan [J]. *The Quarterly Review of Economics and Finance*, 2017 (66): 265 – 274.

[229] Xu, J. Noise Traders, Exchange Rate Disconnect Puzzle, and the Tobin Tax [J]. *Journal of International Money and Finance*, 2010, 29 (2): 336 – 357.

[230] Yackee, J. W. Do bilateral investment treaties promote foreign direct investment? Some hints from alternative evidence [R]. *Legal Studies Research Paper Series*, 2010, No. 1114.

后 记

本书是在我博士论文的基础上修改补充完成。记得在博士面试的时候，老师们问我为什么考CEMA，我说希望自己能理直气壮地说自己是经济学博士。回首过去的五年，CEMA有很多珍贵资源，而自己虽然很努力、很辛苦，终究错过了太多。博士论文的选题是在我因为生育而休学的那一年定下的，导师提点我可以从虚假贸易的角度入手申请重点选题支持计划，我全力查找文献和相关数据，最终获得了中央财经大学博士生重点选题培育项目资助，进而申请国家公派赴美留学也获得批准。笔者虽已尽心尽力，但因自身资质和精力所限，不可否认本书仍然存在很多不足，本书的出版意味着在该领域我将面对更多检验，也希望能得到更多建议，帮助完善该领域的相关研究。

想起当年自己奋不顾身考博的日子，仍然觉得是种勇气。以年级第一的身份考上硕士研究生之后，班上的同学都知道我要硕博连读。申请直博失败那年，博士考试结束几天之后，还有同学问我考试如何，不知我没有资格参加。那段最灰暗的日子里，我曾经怀疑过理想。然后，我遇到了我的导师张定胜老师。无论怎样感谢的话语都无法表达我内心对导师的感激和愧疚。记得当年，大连也有一位优秀且努力考博的师姐没能考上，当时的我也努力调整心态试着接受落榜，但是，我收到了导师给的机会。

回想本书成稿以及博士求学之路，首先感谢我最敬爱的导师张定胜老师，感谢导师对我的容忍以及求学过程中无数次的帮助。同时，特别感谢张志祥老师、卢远瞩老师、裘骏峰老师、刘宏老师、乔方彬老师的批评和建议。感谢给我上过课的 CEMA 的各位老师，你们的授课总是精彩而丰富。感谢外导 James Lake，让我见识了国外学者严谨的治学态度。感谢在美国结识的张任、谢匡丽、欧阳丹以及其他友人，让我在陌生的国度和思乡的日子里感受到了难得的温暖。感谢王忏、涂巍、韩超师兄以及黄晶师姐在学习上的指点。感谢杨经国、游鸿、刘洪愧、唐国豪、崔颖、冯建花、姜雪等师门好友，与你们的相处单纯而又愉快。感谢我的丈夫和女儿对我的理解和支持。感谢三十年来养育我的父母，在河南的一个小小乡村，培养出一个学士、一个硕士和一个博士，谁都能想象你们付出了多少，现在只希望时光慢些再慢些，你们不要老去。

本书的出版得到了"天津社会科学院后期出版资助项目（2018 年度）"的大力支持，并受到了经济科学出版社凌敏老师的热情帮助，特此感谢。

赵文霞

2019 年 5 月于天津